THE 7 PRINCIPLES OF PEACE OF MIND

Fearless

不害怕的生活

获得平和心境的七大原则

[美] 布兰德·索珊娜 博士◎著

张红伟 安蔚蔚 苏丹◎译

陕西师范大学出版社

图书在版编目（CIP）数据

不害怕的生活：获得平和心境的七大原则/(美)索珊娜著；张红伟，安蔚蔚译.——西安：陕西师范大学出版社，2010.5

ISBN 978-7-5613-4875-8

Ⅰ.①不… Ⅱ.①索… ②张… ③安… Ⅲ.①心理保健—通俗读物 Ⅳ.①R161-49

中国版本图书馆CIP数据核字(2010)第033802号

图书代号：SK10N0149

不害怕的生活

责任编辑：周宏
装帧设计：开言神韵（孙至付）
出版发行：陕西师范大学出版社
（西安市陕西师大120信箱　邮政 710062）
印　　刷：北京飞达印刷有限责任公司
开　　本：880×1230　1/32
字　　数：150千字
印　　张：7.25
版　　次：2010年5月第1版
印　　次：2010年5月第1次印刷
ISBN 978-7-5613-4875-8
定　　价：28.00元

谨将此书献给

我杰出的经纪人诺亚•卢克曼先生，是他不懈的努力帮助才让我完成了这本书的著作。

Brenda Shoshanna.

鸣谢

在此，我要特别感谢那些在我著作此书时，曾给予我关爱、支持、点拨、指引和鼓励的人们，是他们帮助我完成了这项浩大的工程。

首先，我要感谢一直支持我、永远爱我的家人——丹妮·格瑞、玛丽莎、亚伯拉罕、约书亚、亚娜、亚当、佐伊、雷米、玛雅、查克瑞和凯西（Danny Gerry, Melissa, Abram, Joshua, Yana, Adam, Zoe, Remy, Jake, Maya, Zachary and Cassie）。

其次，我要感谢我的出版商珍妮弗·威廉姆斯（Jennifer Williams）。这本书能够付梓出版，离不开她不懈的辛劳工作，离不开她亲切的鼓励与支持。

而在整个创作过程中，我不断得到一些朋友的真心支持和切实指导——他们是艾多·罗什、罗伯特·肯尼迪·罗什、S. J.恩尼·卡斯托德、拉瑞·克瑞、迈克尔·J.克瑞里、伯特·杜宾、哈斯克尔·弗莱夏克、拉比·J.格尔伯曼、艾德·格拉斯、马丁·哈拉、林德赛·哈里森、迈克尔·克莱因、吉恩·克瑞克尔、里查德·史夫曼、威廉·所罗门、邦纳德·史达、菲·塔巴克曼、斯科特·杨和拉夫·泽特林。（Eido Roshi, Robert Kennedy Roshi, S.J. Ernie Castaldo, Larry Crane, Michael J. Creeley, Burt Dubin, Haskel Fleishaker, Rabbi Joseph Gelberman, Ed Glassing, Martin Hara, Lindsay Harrison, Michael Klein, Gene Krackhel, Richard Schiffman, William Solomon, Bernard Starr, Fay Tabakman, Scott Young, and Ralph Zeitlin）

“一部有力、能够改变人类生活的书籍。”

全世界最畅销的心灵励志新书，全球几十家出版社同步出版发行。

《身体与心灵》杂志、《三轮》杂志、《出版家周刊》、《圣彼得堡时报》、《芝加哥太阳时报》……

玛丽安娜·威廉姆森、李·詹姆波斯基博士、拉比·盖里·莫斯科维茨、阿曼德·迪米勒、拉比·约瑟夫·吉尔伯曼、刘易斯·哈里森、鲍勃·高夫……

全球几十家超级媒体报导及世界多位名人联合推荐。

“一部有力、能够改变人类生活的书籍。”

——《身体与心灵》杂志

“这部出色的著作引入了东方传统与西方智慧，将古代世界与现代世界融为一体。它为任何与压力、焦虑、愤怒、恐惧或孤独做斗争的人们都提供了深邃的智慧和指导。这本书写地非常优美、有趣、温暖热情，充满了异乎寻常的精彩练习。这是一个真正的奇迹。”

——拉比•盖里•莫斯科维茨

“为了发现爱，你只需脱掉你的鞋，坐在松软的垫子上，无所事事。索珊娜博士的指导也许就像旁边香薰中缓缓升起的袅袅青烟那样，看起来似乎毫无重量，实际却是大有裨益的。索珊娜博士的建议也不局限于心灵的事情；她的大部分忠告打开胸襟、充满爱意、心怀信仰等等，对于生活的方方面面都是密切相关的。”

——《出版家周刊》

“在这本书中，包含有很多善意的可靠忠告，可以帮助失恋的人打破自己的破坏性生活模式，并使他们得知为什么真爱总是与其擦肩而过。”

——《圣彼得堡时报》

“坠入爱河并不意味着要迷失双眼，陷入疯狂状态。这意味着从黑暗的睡梦中醒来，最终看到我们周围的美。这听起来真不错！”

——《芝加哥太阳时报》

“索珊娜博士是哈西德派犹太人，练习坐禅、坚持进行心理治疗训练已达二十五余年。在这里，她从这些光鲜绚丽、各式各样线索中，编织出一幅壮丽的织锦。索珊娜博士腾出一只空着的手、同时又是丰富盛满的手，为我们提供了崇高性与现实性的事物。这两种事物在禅的世界中是合二为一的。”

——《出版家周刊》

“索珊娜博士为我们提出挑战，让我们放开幻想、期望、恐惧与渴望，使我们能够全身心地面对生活。她的智慧非常深刻、非常真诚。她的书非常值得一读。”

——《精神抚养》

“如果你正在寻找一种幸福地生活于这个世界上的方法，那么这本书就是为你而著的。很少有雄辩的散文、精粹引文、简单智慧和实用性练习都汇集在了同一本书中。这本书则囊括了所有这一切，而且还含有更多的信息。不管你的精神航线是什么，在接下来的几年中这本书都可以为你提供宝贵的参考。”

——李•詹姆波斯基博士

“这是一次通往治愈内心冲突与不和的旅程，正是这些冲突与不和使我们的精神远离了自我。”

——阿曼德•迪米勒

“索珊娜博士是一位多才多艺、富于创意、热情友善、非常出色的老师。”

——拉比•约瑟夫•吉尔伯曼

“索珊娜博士探索了禅修的精神方面和治疗方面。不论人们有着怎样的信仰、哲学或宗教信念，他们都乐于接受。运用独特的热情、富于同情心的写作风格，她展现了自己的独特能力：用可理解的术语来解释最困难的观念。她的方法对于最枯燥乏味的日常活动也是非常有效、非常适用。这本书对于任何期望探究和谐生活与真正的平和心境的人们来说，都是一个必需品。”

——刘易斯•哈里森

“对于那些寻找更为简单有力的生活方式的人们，以及希望用实用性平和处事方式应对当今这个扭曲丑恶、暴力横生的世界的人们而言。”

——鲍勃•高夫

“索珊娜博士的措辞非常奇妙！”

——玛丽安娜•威廉姆森

目 录

引言

"故，知足之足，常足矣。"

——《道德经》

当我们缺乏安全感，或者不知道该向谁救助时，我们反而可能获得出乎意料的成长、发现、甚至成功。在中文里，转折意味着机遇。如今我们必须重新审视自己的生活。"我的人生支柱是什么？我的安全感来源何处？我如何才能重新开始？我需要什么，才能过上有意义的人生？"这些问题的答案是组成有意义的人生的必要因素。生活得顺风顺水时，我们往往会忽略这些因素。一旦生活出现危机，我们才会时时探究答案。

我们正在面临恐惧。就在几年前，社会安定，经济繁荣，机遇无处不在。当时，人们工作收入稳定，银行业发展态势良好，我们似乎可以依靠国家经济的持续增长来让孩子和自己的一生都得到保障。国家呈现出一片安定繁荣的景象，人人心怀希望。最重要的，我们不担心来自外国的攻击，信心满满地认为国家强大，领土不会受到侵犯。

而9•11袭击粉碎了这一切。那场强烈的撞击不仅无情地让我们遭受丧亲的悲痛，而且剥夺了我们的安全感；顿时让我们感到失去了基本的保护。9•11带来的巨大创伤一直未能痊愈。9•11之后的大半年里，我们每天都会探寻有没有新的红色或黄色警报，心里惴惴不安。恐怖袭击还会再来吗？今天能不能平安度过？

紧接着伊拉克战争暴发了，严重扰乱了我们平静的生活，给我们造成更深的恐惧、更大的伤痛和更多的纷争。国家与国际社会的分歧越来越大。到今天，我们曾经所倚仗的基础——我们安全感的根源——已经离我们远去。世界发生了翻天覆地的变化，危机时刻来临了。

因此，现在首要的是冷静下来，厘清思路，排除恐惧，获得力量。如果听任恐惧来支配自己，我们会变得不堪一击。事实上，我们所面临的真正危险不是失去收入、房屋或安全。我们真正的敌人——头号敌人——正是我们内心的恐惧。

我们必须弄清以下几个问题：1. 究竟在担忧什么，2. 忧从何处而来，3. 如何能够战胜恐惧，将其摒除生活之外。做到这三点，内心恐惧消退了，我们才能以最宽阔的视角来审视所处的局势，积聚自己全部的力量应对迎面而来的所有问题。我们能够激发出所有的勇气、创造力和智慧来指引我们一路前行。

恐惧是什么？

据说世界上只有两种情感：爱和恐惧。然而，荒谬的是，对许多人而言，爱令人恐惧，而习以为常的恐惧却使人感到安全。我们学会了依赖恐惧，学会了把恐惧当作安全之所；我们认为恐惧是自然明智的情感，恐惧能保护我们。另一方面，我们也被灌输这样一种观念：爱、信任和脆弱是危险的，因为它们削弱我们的能力，使我们软弱。

实际上，这些谬误都是恐惧的“杰作”：制造混乱，编织谎言。

恐惧不仅会破坏机体的免疫系统，而且会削弱我们的信心和健康。恐惧使我们误入歧途，沦为那些意欲以各种方法控制或伤害我们之人的猎物。目前，美国普遍存在的一种精神疾患是自怨自艾，而该病的罪魁祸首就是恐惧以及对自己本性的否认。此外，影响人们生活各方各面的偏执狂则颠覆了人际关系的核心，使我们沦为痛苦的囚徒。而我们与生俱来的对生活的热爱、好奇、童心和欢乐则可能被彻底摧毁。

恐惧何时、因何而起

被恐惧控制的时候，大部分人都无法消除恐惧，他们缺乏技巧。于是，恐慌症、强迫症、偏执狂及其他各种精神疾患便会乘虚而入，我们只能任由它们摆布。恐惧特别青睐恋爱中的人，因为人们此时最容易受伤，因为他们终于得到了梦寐以求的东西。而此时，许多恋爱中的人却害怕获得成功或幸福，觉得自己不配拥有，于是便亲手毁掉自己或者恋情。

是时候采取行动打败恐惧了。首先，我们要擦亮眼睛全部了解恐惧的危害；其次，我们要了解如何有效地驱除恐惧。这正是本书的宗旨。人们都认为打败恐惧很难，其实一点都不难！我们只需要心甘情愿迈出新步伐采取行动，用崭新的视角看待一切。恐惧不过是纸老虎——当你敢于与之正视，恐惧便再也不能左右你了。一旦做到这点，你会发现你曾经惧怕的不过是些尘土和梦境。

爱的力量

在探究恐惧的同时，本书还探究了战胜恐惧的方法——爱的本质和力量。大多数人都不太清楚爱的本质。人们常常把一时的迷恋、喜爱和依赖误认为是爱。阅读本书时，你会发现真爱与假爱之间的细微差别。而驱除恐惧的过程会让爱在心中油然而生，爱也自然会消除一切恐惧。爱与恐惧是事物的两个对立面。

在探究爱的本质时，我们常常会接触到爱的行为，学习如何去实践爱行（而不是去感受爱）。而在实践爱行的过程中，你又会获得感悟，无惧生活中的一切风雨。

本书结合中西方的哲学教义，从心理、精神和实践的角度提出了激活自身的强大能量，从容应对人生的各种挑战。本书旨在指引大家发掘内心的宝藏，激发潜能和勇气，树立起人生信念。

各章节分别讨论了心态平和的七个步骤，研究如何解决恐惧并将其转化为勇气和信心。各章节除了摆事实讲道理，还提出了让人心情轻松愉快起来的独特锻炼方法。当你按照书中指引去实践时，这些方法会成为你日常生活的一部分，恐惧则会逐渐消失。

如同你每天都去健身房锻炼肌肉增强体质一样，书中提到的锻炼方法也必须持之以恒地进行。这些锻炼方法是经过长年的研究试验总结出来的，旨在重塑内心的自由、智慧、勇气和创造力。坚持做下去，内在的各种因素会起作用，最终获得真实的安全感、幸福感、对人对己的信任感和对生命的热爱。

每个章节都总结了一条消除恐惧建立信心的规律。记下书中总结的经验，认直揣摩其中深意，时时提醒自己、鞭策自己。一旦心中产生担忧，就用这些经验来鼓励自己，让自己得到解脱。这些经验都是不断被实践证明的真理，能够抵御担忧，能够消除由于恐惧制造的可怕幻境。在自己的生活中不断实践这些经验，是非常重要的。你不能盲目地轻信，而是要通过亲身实践去获取真知。

战胜恐惧的好办法有：释放、选择的力量、直觉、化痛苦为力量、与内心的声音对话、摆脱他人控制、放弃控制欲、培养专心致志、聚精会神和全神贯注的习惯、学会感恩。

当你准备要扬帆起航，开始转变自己的旅程，我希望你拥有足够的好奇心、决心和开明的心态，这样你才能感受到自己的变化。恐惧植入我们心底的说教、观念、束缚和混乱已经伴随了人类数千年之久，致使无数生命受制于黑暗的魔爪。因此，若要打开门窗，直面恐惧，迎接光明，需要极大的勇气。离开故土奔赴异国同样需要勇气。但是，当我们无法继续在故国生存，无法再忍受恐惧这个沉重的负担的时候，我们别无选择。此时，我们的心灵寻求叛逆，我们的心智打开，一切都会迎刃而解。此时，在内心深处，我们想起了原来自己心里还有一片无所畏惧的田野，它的力量可以挪动一座高山。是的，你能挪动一座高山！前往一个不熟悉的国度时，我们必须充满好奇，心甘情愿，摒弃成见。每天都是一个新的惊喜，世界将从此变得美好。

第一部分

保持心态平和之七步骤

我要在仁爱、喜乐、和平、忍耐、
恩慈、良善、信实、温柔与节制中走过我的一生，
这使我如此地宽广。
我没有在悲伤、争斗、愤怒、怨恨、恶毒、谎言、
浮躁和浪费中度过那飞溅的时光，
我更不会在忧郁与彷徨中迎接那属自己的未来！

前言

直面恐惧

恐惧是什么？恐惧是一种忽如其来的感觉，会对我们的身体、大脑和心灵产生严重影响；其表现形式包括：情绪波动、心跳加速、紧张出汗、浑身发冷、呼吸急促、担心害怕、预感厄运即将降临。另外，恐惧还可能表现为麻痹、愣神、失控或者某项身体机能的异常。恐惧的诱因多种多样：想法、观念、记忆、味道、气味、触觉、无意识的联想，等等。有时候，猛然间遇到一个人，此人使我们想起童年时某个凶残之人，我们便会感到惊恐万分；或者别人要求我们做什么感到不安的事，恐惧亦会油然而生；抑或是参加会议或者聚会，本来心情舒畅，却忽然碰到某个心惊胆战的人，便会莫名其妙地浑身战栗，原来的高兴劲荡然无存。

还有在其他一些情况下我们同样会受到恐惧的困扰；或许我们受到了他人有意无意的威胁，我们可能会觉得对方对我们抱有成见，不喜欢我们，因而便会产生恐惧。有时候是因为某些可怕的消息：我们听说敌人即将发起进攻、经济下滑、银行破产、存款堪忧、挚爱之人罹难、恋人与别人调情。如果我们对这些坏消息信以为真，它们便会让我们无力抗拒，恐惧便会乘虚而入。

我之所以说“恐惧乘虚而入”是因为真正可怕的并不是消息本身，而是消息所产生的恐惧。如果我们不相信这个消息，或者不相信告诉我们消息的人，恐惧便不会出现。让我们浑身冰凉的不是听到的消息，而是所感受到的恐惧，消息只不过是恐惧赖以生存的载体而已。有些人告诉我们坏消息，就是企图通过恐惧控制我们。当我们受制于恐惧的时候，便无法控制自己的大脑、感情、身体和精神，极易成为别人操纵或控制的对象。有时候，制造恐惧的人是故意为之，有时则是出于无心之举。

暂停：

无论何时，如果某个消息会产生恐惧，应立即拒绝。即便你认为消息是真的，也不要相信它。因为，当你受制于恐惧的时候，便无法充分发挥自己的才智。等到恐惧消失之后，再判断该消息的真实性。只要你拒绝这个消息，恐惧便无处藏身，而你则会保持头脑清楚，以后有充足的时间判断消息是否属实。（大部分情况下都不是真的。）

与其相信恐惧的力量，为何不相信真相的力量呢？

除了受制于恐惧之外，我们还有另外一种生活方式可供选择——摆脱恐惧，无所畏惧。不过，在消除恐惧之前，在重获内心自由，彻底了解自己之前，我们必须首先坦然面对恐惧。我们不能盲目地任由恐惧摆布，必须愿意后退一步，熟悉了解这个将许多人玩弄于股掌之间的致命力量。只有后退一步，我们才能逐渐明白恐惧的险恶用心，知道它是如何产生的，它靠什么生存；

它是如何伪装自己的，它又是如何控制我们的生活的。在这个过程中，恐惧的某些原则便会逐渐浮出水面，越来越清楚。

首先，最关键的是要明白：

恐惧是个欺软怕硬的家伙

这句话千真万确，应该成为每个人的至理箴言，成为我们不可分割的一部分。我们越退缩，赋予恐惧的力量就越大，它对我们的控制力就会越强。恐惧捕获的目标是那些心甘情愿的或者以各种方式逃避恐惧的人。我们逃得越快，恐惧就追得越紧，直至我们精疲力竭，不得不束手就擒。我们逃避恐惧的方法不一而足，比如吸毒、酗酒、滥交及上瘾等方式。我们的一个本能就是避开危险，但我们却不是任由本能控制的傀儡——我们可以停止逃避。

对许多人来说，生活的一部分就是逃避恐惧。但是，他们不应该盲目地跟随恐惧指引的歧途，不能愚昧地听信恐惧无所顾忌的信口雌黄，他们必须选择一条崭新的道路。他们必须停下脚步，真正明白自己面对的只不过是个欺软怕硬、头脑简单的家伙。

暂停片刻：

看清恐惧外强中干的本来面目，想象着自己逃避恐惧的狼狈相。现在，别再逃避，转身直面恐惧。眼下你需要做的就是这个：停下来，转过身。欺软怕硬之徒的力量都是从你身上，从你的恐惧、逃跑和痛苦中夺来的。只要不再逃避，不再逃跑，你就是在消灭恐惧。我自岿然不动又有何难？

亨利·米勒曾经说过："真正的奇迹只有一个，那就是岿然不动。"说这句话的时候，他心里当然非常清楚自己指的是什么。

岿然不动：

不要逃避内心的恐惧，让它知道你不愿逃避。当你这样做的时候，恐惧会怎么样呢？

我们大部分人深受恐惧的折磨，成为恐惧的受害者，却并没有意识到这一点，根本不曾考虑自己的生活究竟意味着什么。我们每个人都拥有某些巨大的潜能——自由、勇敢、强壮、创新、快乐、爱心、追求梦想、分享梦想、享受完满的生活，然而，这些潜能我们却极少触及。恐惧不允许我们享受满足，它以我们的痛苦为乐。在接下来的几章中我们将会发现，许多人都深深依恋着恐惧，以为恐惧会带给他们安全感。他们一方面与苦难作斗争，一方面却又依恋着苦难。他们不明白的是，痛苦的生活并非他们自愿的选择，而是恐惧控制他们的直接后果。不过，要想摆脱恐惧的束缚却并非难事，只要我们敢于直面恐惧，就会更清楚地看清它的阴谋诡计，摆脱它也就更加容易。

记住：

尽管恐惧假装关心的最佳利益，但其实它根本就没有放在心上。它想方设法引诱你，最终将会置你于万劫不复之地。现在，仔细想想恐惧是如何一步步把你引入陷阱的吧。它给了你什么虚假的礼物？它给你许诺的又是什么样的空头支票，却永远无法兑现？

只要你后退一步，转身直面恐惧，这个恃强凌弱的家伙必然会心虚胆怯，乖乖地逃走，因为它知道自己已经被揭去了伪装，露出了欺软怕硬的本性。

现在就做

顺便说一句，你应该现在就做。恐惧欺骗我们的另一种伎俩就是不停地说，我们可以以后再做，我们有的是时间。但事实是，我们没有那么多时间。现在就是最佳时机，这是消除恐惧的最佳良药。如果我们现在就着手去做需要做的事，恐惧便没有机会膨胀扩张了。

还有一点非常重要，我们应该知道，恐惧会随时随地以各种形式袭击我们。每次恐惧来的时候，在它虚张声势的伪装下，它真正问的问题其实是："你能看清我的真实面目吗？我们不期而遇后你会变得强壮吗？你会利用自己巨大的勇气看透我，反抗我吗？抑或在我面前垮掉？"有趣的是，如果我们知道如何聪明地利用恐惧，它甚至可以成为我们的朋友。可是，有多少人能听到恐惧的这些无声的问题？又有多少人能意识到我们已经被恐惧牢牢控制，而我们也在以各种方式屈服、退缩或者自闭？

暂停片刻：

回忆一下你是否有过这样的经历：当恐惧的巨浪向你扑来的时候，你并没有被卷入浪中，而是巧妙地让它从身边咆哮而过？因为你看到了事情的真相，获得了无限的勇气。沉浸其中吧。

现在，再想想类似的其他经历。

做以上练习的时候，我们实际上是在学习如何控制自己的注

意力。我们正在开始发现、想起并展现真正的自我。

恐惧是骗子

若要进一步摆脱恐惧的束缚，我们就要从各个方面看清它的真面目，特别要注意它说的谎言。恐惧是个彻头彻尾的大骗子。如果我们相信它的谎言，它就会无情地夺去我们的时间、希望和生命力量。为了获得恐惧承诺的虚幻的幸福，我们却付出了自己与生俱来的权利。在《圣经》中，以扫用自己与生俱来的权利换来了一碗粥，可我们换来的却还不如一碗粥呢。恐惧夺走的是我们的安全感、善良、幸福以及繁荣兴旺、解决困难和体味完满的固有能力。如果听信了恐惧的谎言，听从了它的蛊惑和警告，你就会一步步滑向深渊，你就会误入歧途，丧失宝贵的时间、精力和判断力。为什么要任由恐惧胡作非为呢？以扫要换那碗粥是因为他饥肠辘辘，无法忍受饥饿，而我们也同样饥渴，我们渴望得到的是安全感和好的东西。但是，一旦陷入恐惧的陷阱，我们就根本不可能看清什么才是好的，哪里才有真正的安全感。

你相信恐惧，恐惧便会无限膨胀。恐惧需要你相信它灌输给你的故事、观点、看法、灾难性期待、各色的幻觉以及催眠式的暗示。恐惧需要你把它所说的任何事都当作是真实的、危险的、危及生命的。恐惧一旦博得了你的信任，便会扭曲你的心智，让你的机体陷入瘫痪状态。恐惧引起的痛苦、破坏、损失和疾病似乎看起来非常真实，而且十分严重，但是，所有这些背后还有一个秘密。

恐惧的鬼把戏，真理当场就能揭穿。只需一丁点的光明就能驱走黑暗，即便瞬间即逝的真相也会满足我们永无休止的渴望。恐惧引起的所有痛苦、破坏、损失和疾病均能轻易地解脱，只要我们看清事情的真相，恐惧就无法再侵扰我们。只要我们掌握真相，永不放弃真相，爱的力量便会治愈一切伤痛。事实如此，这就像万有引力定律一样，是不容置疑的头脑与心灵的定律。

回想一个恐惧告诉你，而你也信以为真并且紧抓不放的谎言。现在，请你明白无误地告诉自己：那是个谎言。用心想一会儿，更深刻地认识它。

现在，想想另外一个谎言，重复上面的过程。

恐惧毫无意义

当恐惧出现的时候，你应该清楚地意识到：恐惧毫无意义。恐惧并不意味着你做了什么错事，你会受到伤害，或者你走错了路（这些话更像是恐惧欺骗你的谎言）。恐惧只是一种条件反射性感觉，就像胃灼热一样。如果你吃了无法完全消化的东西，就会产生胃灼热。恐惧也是如此，当你有了某种想法、经验或者计划，打算尝试某种无法完全消化之物的时候，恐惧便会不请自来，这就是一种条件反射。（即便恐惧真的预示着某种危险，你也只有在完全抛开最初的恐惧之后才能更清醒地意识到事情真正的发展态势，才能明辨是非。关于这个问题，我们将在后面的章节中详细论述）。

重要的是，我们应该意识到：大多数时候恐惧真的毫无意义。它拿并不存在的危险吓唬我们，勾起我们灾难性期待，甚至不让我们看到真正的危险。我们正在学着放弃的正是这种无意识的、条件反射性的恐惧。

同样重要的是，我们应该始终明白，恐惧只是我们的一种感觉。

把恐惧当作一股能量波：把恐惧当作一阵来去自如的风。你只需看着它，感觉它。它究竟来自何方？去向何处？你身体的哪一部分感觉到了恐惧？你注意到它的活动了吗？它是什么颜色的？它会变大缩小吗？你能让它变大缩小吗？你愿意让它变大缩小吗？

感谢恐惧

恐惧可能在告诉你些什么。如果是这样，仔细听，但不要把它的话当真。记住，这只是恐惧在说话。你可以谢谢它把这些话与你分享，然后任由它随风逝去。有时候，恐惧只是需要得到承认、被人感觉或者聆听，仅此而已。然后，它便会释然离去。当你感谢恐惧与你分享的时候，它可能会挥挥手，悄然而逝。

有时候，恐惧可能会凝聚成一副图像。那么，你就认真地看这幅图，看它对你是否有任何意义。让图像自己慢慢展开，尽览无余，然后，你应该感谢图像的显现。通常情况下，这幅图像将会自动发生变化，此时，恐惧也已改变了模样，你便能看清它的本来面目——飞扬的轻尘，或是轻拂的微风——柔弱无力、毫无意义、转瞬即逝。

在以上这些情况下，你并没有试图逃避恐惧，没有压制或者抑制恐惧，但也没有任由恐惧在你心里扎根。你是在以一种完全不同的方式观察恐惧、关注恐惧。当你感谢恐惧现身的时候，你会意识到，原来自己并不是恐惧，恐惧只是你正在体验的一种感觉。你永远比恐惧略胜一筹。试试这种方法，看看效果如何。

不要让恐惧阻止你的活动。如果你有话要说，不妨说出来，不要管心里的感受如何。在开口之前，深吸一口气，将恐惧呼出来，想象着它已经蒸发不见，挥手与之道别，祝福它一路走好。

你可采纳这些建议中的任何一个或者全部采纳，抑或寻找适合你自己的独特方法。恐惧只是一种转瞬即逝的感觉，我们越反抗它，越相信它，它的力量就会越强。如果我们不把恐惧当回事，它自然便会悄然而去。

这些练习你做得越多，就会越相信原本的自己，你也就会变得越强大，而恐惧则会越怯懦。不久之后，恐惧甚至无法在你心中掀起任何涟漪，至多只是浮现个影子，稍纵即逝。

以恐惧为中心的生活

恐惧不仅是一种感觉，同时也是一种生活态度。这种生活态度可以反映在许多方面，从根本上说，以恐惧为中心的生活意味着束缚、压抑、压迫、限制、惩罚、愧疚、背信弃义、伪善以及充满戒备之心，害怕受伤。

生活在恐惧中的人往往会对鸡毛蒜皮的小事生气，即便正兴高采烈时也会黯然伤神。他们总是期待着坏事、错事或者危险的事。有些人常常担心会遭到责备、袭击或羞辱，还有些人则不停地指责别人，诅咒生活、上帝、命运和霉运。

有些生活在恐惧中的人则变成了背信弃义之徒。他们认为没有理由要做正直的人，也不会相信任何人，他们本身就不值得信任。对这些人而言，生活已经变成了支离破碎的脆片，任何事都没有任何意义，所有的一切终将是徒劳无益。

还有些人认为自己遭到了抢劫，被剥夺了某些东西，或者认为自己总是处于最底层，是垫底的。即便生活富足，他们也视而不见，无法享受。然而，实际上充当强盗的正是他们自己的恐惧，恐惧就在他们眼皮底下抢走了他们的理智、善良、满足和充盈。

有些人则过着令人难以置信的古板僵化的生活。他们固守着某些或许适合、或许不适合他们的观念、习俗、规矩、安排和禁令，并且要求别人也如法炮制，否则便排斥、谴责人家。这些人害怕失去任何东西，不愿承认变化。他们要求任何事情都要墨守成规，或者必须按照自己的愿望或需求进行。这种生活方式不仅源于恐惧，而且也会加剧恐惧。这些人终日生活在水深火热之中。

木秀于林，风必摧之。

以恐惧为中心的生活必然会结出嫉妒的恶果。这类人嫉妒别人的成功，极易贬低、责难或排斥他人。他们拒绝幸福，拒绝发现生活中美好的、有益的事物。

灾难性期待

恐惧从灾难性期待中获得力量。所谓灾难性期待指的是某种可怕之事即将发生的想法或期待。有时候，某些人会把遇到的一点小问题扩大化，想象成灾难的前兆。比如，某人身体的某个部分持续疼痛，他就会把它当成癌症，继而想象着癌细胞不断扩散恶化。如果灾难性期待由此而生，那么任何治疗都无济于事。很快，这个人就会立下遗嘱，开始准备后事。最终，当他得知自己只不过是肌肉扭伤而已，也许会感到怅然若失。有些人的脑海里老是想着灾难，庆幸自己还活在世上，博得别人的关心，貌似与病魔作斗争，这样一来，他们甚至会从中获得一种扭曲的满足感。

某些人产生灾难性期待的时候，即便事情并未发生（很可能永远也不会发生），他们也会对各种可能性感到心惊胆战。他们的选择和行为都受这些可能性的控制，往往紧闭心扉，断绝与他人的交往。这些人越依赖灾难性期待，就越相信它们，而恐惧感就会越强。然而，当不好的事情，或者类似的灾难真正出现的时候，恐惧将使他们无法看清形势，自然也就无法找到最佳的解决办法。

当你产生灾难性期待的时候，当你发现自己在为“可能”发生的事情寝食难安，或者将发生过的事情扩大化的时候，应该果断地停下来。去找一张纸，在中间画一条竖线，然后在竖线一边的顶上写下：正在发生的事；而另一边顶端则写上：“可能”发生的事。在写有“正在发生的事”这一栏中认真细致地写上事实，比如，我肩膀疼，已经疼了一天。在另一栏中写上“可能”发生的事，包括积极乐观的结果。例如，这可能会妨碍我的正常生活。你同样也可以这样写：这或许只是轻微的肌肉拉伤，很快就会康复。在你有意识地的预料各种后果的时候，你就会明白，所有后果都是你凭空想出来的。这些预期并非真的事实，而是你自己的幻想而已。每写下一个预料的结果，就回过头来看看事实，问问自己：就这件事而言，真正发生的是什么？我能接受吗？即便你想多考虑考虑“可能”发生的事情，也要考虑那些积极乐观的可能性。你应该明白：选择权在你自己手中。现在，请你再多想出几个积极的预期，多考虑一下这些可能性。

最重要的是，你一定要明白，恐惧产生的诱因并非事件本身，而是你自己想象出来的期待和幻想。但是，此时此刻，你有能力解决任何问题。

遭遇恐惧就像被毒蛇咬到了一样，它的毒液进入我们体内，使我们内心麻痹，手足无措。因此，我们必须意识到消除恐惧的必要性和紧迫性。消除恐惧的方法我们应该每天练习，练习得越多，就会越容易，我们心里也就感到越踏实。一旦恐惧消除了，我们就会恢复神智，自然便会知道如何采取有效的措施。实际上，消除恐惧的做法有助于避免许多消极事件，否则局面可能会无法收拾。如果坏事已成事实，通过消除我们自身的恐惧，事情便会逐渐平息，不会造成严重后果。相反，如果我们心里老是想着某件事，盼着它发生，就可能将小事扩大化，甚至会引火烧身。

停下来：

回想一下你被恐惧控制，觉得无助的时候。还记得当时的恐惧是如何消失的吗？是什么让恐惧消失的？用了多长时间？

恐惧的振动

恐惧的振动频率能与某种人、某种事或者某种情况产生共鸣。一个人如果怕狗，狗就会感觉到他的想法，便会狂吠不止或者猛扑上去。然而，一个人如果喜欢狗，狗也会感觉到，便会友善相待。我们从内心深处可以识别某个人发出的振动频率。

武林高手往往艺高人胆大，敢于孤身一人在危机四伏的地方行走。他们发射出的力量和勇气的振动频率足以吓退那些图谋不轨的人，因为周围的人能够凭借直觉感受到他们的气势。据说，修行很高的印度教圣人能够发出一种明确无误的爱的讯息，甚至野兽都会跑到他们身边，温柔地舔他们的手。

我们的国家以及世界上其他国家都生活在恐怖主义、日益严重的经济危机和遭受袭击的恐惧之中。恐惧越猖獗，问题就会变得越严重。只要我们停下来，振奋精神，消除恐惧，很快就能获得平和的心境，恢复聪明才智，找到解决问题的各种方法。摆在我们面前的是简单易行的方法、出人意料的方法、化敌为友的方法。然而，如果我们的生活都基于恐惧，就无法找到这些方法。因此，至关重要的是，我们必须意识到问题的紧迫性，下定决心摆脱恐惧，重新生活。要想做到这一点其实并不难——只要我们愿意去做。

一种新的振动：爱

事实是，爱的力量远远大于恐惧。即使爱的一滴水就能溶解任何的恐惧，消除任何的痛楚。我们每个人心中都有爱；没有爱，我们就无法生存。然而，我们却如此吝啬，不愿敞开心扉，不愿施与爱。这种吝啬、这种束缚其实是控制我们的恐惧在作祟。因此，当我们学会消除恐惧的时候，我们同时也在得到爱的抚慰。消除恐惧也是爱的一种表现形式，学习爱的同时也是在消除恐惧。这恐怕是你所能做的最简单、最实用、最紧迫、最快乐的行为了。

停下来：

回忆一下你的生命忽然充满爱的时刻，可能是爱某个人、孩子、动物、日落、自己，或者是看到美的一刹那，也可能是你出乎意料地得到了善待，忘掉别人的侮辱，或者突然决定让自己冒风险，也可能是忘掉个人利益，投身于更有意义的生活。重温爱的美妙感受，不断回想。

这些爱的时刻随时都在出现，但我们却没有驻足去留意它们。我们没有注意它们，没有接受它们，没有享受它们对我们产生的影响。我们全神贯注于恐惧，以为爱的时刻似乎无关紧要。但是，它们并非无关紧要，它们经常出现，需要我们关注。无论我们关注什么，什么就会增长强大。

你想关注什么——爱，还是恐惧？你希望自己生活中什么的分量更重？

这是个重要的问题。你总能控制自己关注的对象，你可以选择自己关注的对象。

关注一个爱的时刻，然后再关注另一个。记下来它对你的影响以及对其他人的影响。

结尾：练习

关注一个爱的时刻，然后再关注另一个。记下来它对你的影响以及对其他人的影响。

有意识地关注你每天的收获，随时记下来。每当积极的、珍贵的或者难忘的事情发生，不妨写下来（可以随身带个小笔记本，将每天发生的好事记下来，经常读读）。好事发生的时候写下来，有助于你适时驻足，品味幸福。我们往往会忽视美妙的成功时刻，反而专注于那些错误的、消极的或者有待完成之事。

现在，你正在为所有正确的事情倾注时间和精力。好好玩味吧，别忘了感恩。记住，我们关注什么，它就会越强大。你越重视积极难忘的事情，它在你生活中的分量就会越重。

至理名言

本书的每一章均以一句至理名言收尾。这句话可以而且应该视为你的行为准则。牢牢记住这句话，多考虑考虑，让它融入你的生活。如果有什么事让你烦心，不妨想想适用的至理名言，让相关的真理取代内心的恐惧。应该用这些至理名言取代可怕的警示，因为它们就是各个时代永恒的真理，是消除灾难性期待的灵丹妙药。非常重要的一点是，你应该认真思考这些至理名言，细嚼慢咽，化为己有，使其成为你身体的一部分。同样重要的是，你必须在现实生活中检验这些至理名言，因为没有人会强迫你盲目地相信什么东西，你应该亲自尝试，才能发现它是否属实。

你们要尝尝生活的滋味，便知道它是美善

《圣经》上说："你们要尝尝生活的滋味，便知道它是美善。"这句话是在直面恐惧，当面嘲笑恐惧，是对恐惧的反驳，是至理名言。对于那些终日生活在恐惧中的人来说，生活毫无美妙可言。然而，一旦恐惧烟消云散，我们便会重新体验生活的甜美和滋养。

如果有人告诉了你一件可怕的消息，如果你的灾难性期待开始增强，不妨立刻想想这句至理名言，告诉自己：尝尝生活的滋味，便知道它是美善。一定要记住这一点，认真思考。当恐惧消失之后，你便能更加冷静、更加清醒、更加理智地对待获得的任何信息。另外，如果需要你采取什么措施的话，你的内心会告诉你如何去做。

第一章

勇敢做自己

“如果你什么都不坚持，做什么都不会成功。”

作家兼圣经学者马丁·布伯在一所大学任教，他的大部分时间都在学校度过：学习、写文章、接待访客，此外，他也接待前来求教的学生和其他人。布伯先生总是愿意拿出一定的时间给别人，倾听他们的问题，为其指点迷津。

一天，有个学生去找他求助。与往常一样，布伯先生认真倾听这个学生的苦恼（或者他觉得自己在认真听），然后竭尽所能地为其提供建议。这名学生道谢后离开了办公室，而布伯先生则又继续沉浸在书中。所有的一切都非常正常（或者他是这样想的），直到第二天布伯先生才知道，见面之后，那个年轻人回到宿舍便上吊自杀了。

这件事深深地震撼了马丁·布伯。他简直无法思考，无法说话，无法看一眼书本。接连数日，他一直在想着这名学生，思索着一个同样的问题：当深陷绝望的人向别人求助的时候，他们真正需要的是什么？

经过数周的思考，布伯先生终于找到了答案。他的结论是，当深陷绝望的人向别人求助的时候，他们真正需要的是“关注”，通过对方的关注，他们才能在痛苦之余感到生活还有意义。

自此之后，马丁·布伯合上书本，停止一切宗教活动，抛弃名利头衔，因为这些事情让他无法专注于别人的问题。现在，他唯一关心的是全身心地聆听别人的倾诉，专注于他们的问题。他做的是真实的自己。抛弃了一切牵绊和纷扰，布伯先生终于可以发现每时每刻的真实。他让自己直接感受别人的经历，设身处地地为其排忧解难。有人向他求助的时候，会发现真的有人在那里全神贯注地聆听他们的倾诉。

如果我们在生活中总是以面具示人，就会很容易忘记自己是谁，在哪里，在做什么。我们也会与真实的自己和真实的别人失去联系，听不懂别人真正说的是什么，真正需要的是什么。如果我们局限在自己所扮演的角色和游戏中，所说的每句话都将只是空洞的敷衍。人们会听你说话，但不会相信你的话，他们对你的信任将会荡然无存。然而，假如我们能够跳出游戏，忘记角色，摘掉面具，那么虚假的自我便会不堪一击，恐惧也将不复存在，而真正的关注之心和爱心便会应运而生。只有这样才能治愈伤痛，才能带给我们持久的平和心境，这才是我们每个人梦寐以求的生活状态。

有人在吗？

大部分时间，我们都在玩一种相同的游戏——“让我们假装”。这个游戏对我们的生活和人际关系，特别是人际沟通产生了严重影响。我们会说，让我们假装你没有说那些话而我也没有听见你说；让我们假装一切都没关系。我帮你掩饰，你帮我隐瞒。从表面上看，这种做法让我们感觉安全、放心。然而，虚假的伪装却夺走了我们真正的生活。如果有访客敲响我们的家门，大多数时候却没人在家。生活在一个难以找到真正愿意聆听、回应和关心之人的世界中，将是多么令人心惊胆战啊。而真正能治愈我们内心的恐惧、孤独和绝望的灵丹妙药就是：找到一个真正在家的人，同时我们自己也要在家。

所有人刚刚出生的时候，都带着快乐，满怀好奇，充满力量，渴望生活。每个孩子都与众不同，有独有的曲调要唱，有特别的知识要学习，有特殊的挑战要面对，有独特的天赋要展示。每个人降临到这个世界，都怀着惊异的目光，他们无需知道前面等着的是什么。他们尽情享受着每时每刻，饿了就要吃的，孤单了就要得到爱。每个孩子都以独特的方式对自己的内在需求作出回应，与世界互动。在别人开始对他们指手画脚之前，在家庭、社会、民族和宗教等因素入侵之前，小孩子都有一种天生的直觉，知道自己是谁，知道自己可以给别人什么，知道自己需要什么。他们就是生命的挚子，是宇宙的一部分。由此，他们也才有了归属感、安全感和幸福感，相信自然会赋予他们生活奋斗所需要的一切。这才是最幸福完美的人生状态。

随着时光的流逝，孩子逐渐长大，与外界的交往逐渐增多，但是他们内心那种自由自在的感觉却渐渐淡化了。他们的心理产生了变化，不再把世界当作安全、依靠和充实之所，而是认为它处处与其作对，要想得到属于自己的东西，他们必须与外面的世界进行殊死搏斗。他们开始感到恐惧、焦虑和害怕，觉得自己本身某些地方根本就不对劲；觉得自己不招人喜欢，不够好，缺乏归属感。这些错误观念可能会伴其一生，最基本的意思可以归纳为：这孩子这个样子就不能得到爱，不能被人接受。如果要在这个世界安全地生活，他们必须赢得别人的爱和认同，必须变成另一个人，一个合时宜的、会取悦别人的人。实际上，许多人一生都挥之不去的恐惧就根源于这种观念，它让我们逐渐远离原本的完整性和智慧。戴着面具生活，我们必然会失去赖以支撑的根基，整个世界将会摇摇欲坠，虚幻模糊、危机四伏。

失去了童年时代真实自然的自己，我们开始对现在的自己感到羞愧，产生罪恶感和愧疚感。我们必须掩饰，必须隐藏，必须从那个安全的、富饶的、本来属于我们的地方放逐。与此同时，我们也会模模糊糊地意识到自己似乎不知不觉违背了生活的某些基本规律，却弄不清究竟是什么。我们总是对自己妄加评论，在这种状态下，我们已经迷失了真正的自己。我们真实的状态和精神以及赖以生存的根基已经离我们而去，生活变成了充满危险和痛苦的挣扎。恐惧在我们心中生根发芽，使我们觉得自己无法面对挑战，因为我们已经失去了天生的、真正的自己。

我们大多数人并未意识到自己主动或被动地远离了真实的自己。为了掩盖自己的赤裸，我们创造了一个虚假的自己，但这样的生活令我们终日心惊胆战，害怕被人看透，被人揭穿。我们生活在痛苦之中，担心别人会发现我们的真正面目，发现我们差强人意或者弄虚作假。其实这种恐惧才是导致大部分恐惧的根本原因之一。

这种害怕被人看穿，遭人拒绝的恐惧在恋人之间和工作场所表现得最明显，因为此时的我们往往承受着巨大的压力，希望表现得好，合时宜，能够满足别人对我们的要求。为了能够做到这些，我们离真实的自己越来越远。不知不觉间，我们已经听从了蛇的引诱，接受了恐惧的诱导，听信了它的谎言，朝着危险的方向发展。

当然，这种事终有一日会事与愿违，产生反面效果。虚假生活的压力、憎恨和绝望压得人喘不过气来，没人能一直坚持承受。最终，它会导致惊恐、反叛行为、疾病、愤怒以及各种形式的反抗。只有接受真实的自己，真实地生活，我们才能获得必须的基本的力量和智慧。无论生活中遇到什么困难，无论事态如何发展，只要我们拥有自己，便拥有了解决一切问题的固有能力。只要我们勇敢地做真实的自己，等待我们的将是无穷的才能和智慧。

去子之骄气与多欲、态色与淫态，是皆无益于子之身。吾所以告子者，若是而已。

——老子

寻找真实的人

接下来，我们进一步分析人们为什么要强迫自己戴上面具，在别人面前演戏，欺骗自己，欺骗他人。还有什么原因使人们要遮蔽自己，逃避他人，制造一个虚假的自己？

关于希腊哲学家第欧根尼，曾经有个故事，说他提着灯笼在大街上寻找真实的人。这位哲学家极有可能很难找到一个符合要求的人。显然，即便在古代，人们也非常渴望发现真实的人，但可能性却极小。这个故事生动地表现了恐惧对我们的控制，它在我们身上编织的网多么结实。由于害怕自己，我们也害怕责备、遭拒、嘲笑和羞辱。适应潮流的力量非常强大，我们许多人已经认识到，如果自己与众不同，便会麻烦缠身。而许多人确定自身价值的方式便是将自己与他人进行对比，如此一来，他们实际上是从他人的视角来认识自己，变成了自己都不认识的物体和陌生人。

通过他人的视角认识自己

玛利亚感到烦躁不安。无论丈夫给她买什么礼物她都感觉到不如闺友老公买的好，要么是包装没人家的精美，要么是价钱比人家的便宜，要么是仓促之间买的。而玛利亚的闺中密友劳拉的老公却不是这样，他总是花很多时间、金钱和精力给妻子挑选礼物，而且买的次数也比玛利亚的丈夫多。不知不觉，这件事产生了严重的后果。玛利亚不仅与劳拉产生了摩擦，而且开始戴着有色眼镜看待丈夫送给自己的礼物。这些礼物不仅没有表达出丈夫的爱，反而开始削弱她对自我价值的评价。玛利亚认为，这些礼物说明了丈夫没有善待她，她不值得丈夫关心。

玛利亚完全生活在虚假的阴影中，以一个注定要分崩离析的自我为基础。她通过对比别人来认识自己，需要那些礼物认同自己的身份，需要朋友承认她在丈夫心目中的重要性以及他对她的爱。玛利亚的身份认同完全以外部条件为基础，完全依赖别人不断变化的行为和反应。然而，她却完全忽略了一些基本的事实：她的丈夫深爱着她，而她也是一个非常可爱、值得爱的女人。

虚假的自己

如果我们活的是虚假的自己，就往往会把别人的反应、别人的话当作事实，反而忽略了自身真实的感受。我们认为别人的想法是对的，却怀疑自己的感觉和反应。在这种生活状态下，我们逐渐失去真实的、有意义的东西，成为恐惧袭击的目标。我们能在别人的现实中坚持多久？我们能赢得别人的赞许吗？有一天我们真的会成为一无是处的人吗？别人得知真相之后会看不起我们吗？这些深刻的问题不断地折磨着我们，无情地吞噬着我们心境的平和。

恐惧告诫我们要融入别人的现实，否则我们就会感到羞愧，遭到抛弃。然而，这些都是弥天大谎，事实恰恰相反。我们应该脱离别人的生活，承认自己是谁，与自己保持密切联系，做真正的自己。越是这样，我们的生命才会变得越来越顽强，越来越鲜活，越来越有价值，而恐惧则对我们越来越束手无策。

虚假的自己终日紧张兮兮、戒备森严、疑神疑鬼，总是担心被人揭穿。它内心空虚、傲慢自大、妄自菲薄。从本质上看，虚假的自己破坏性极强；它尖酸刻薄、牵强做作、控制欲强，喜欢发号施令；它无法区分什么是对我们毫无作用的，什么是真实重要的。虚假的自己贪得无厌，往往作出错误的决定，拒绝面对事实。除此之外，它还需要别人大量的赞许来麻痹自己，才能勉强度日。

无论抹了多少粉、化了多少妆，做了多少整形手术，戴了多少首饰，穿了多么时髦的衣服，开了多么名贵的车，虚假的自己从心底里仍旧觉得自己丑陋不堪，痛恨自己，也仇恨别人。它心里十分清楚，自己是虚假的，是不真实的，因此它最关心的是如何自保，如何阻止真实的自己破茧而出。

对于这种同伴，我们为何还要留恋不放呢？

但我们就是不愿放手。我们紧紧抓住虚假的自己，把它看得比性命还要珍贵。虚假的自己使我们承受焦虑、无助和困惑的折磨，迫使我们放弃一段感情；它逼迫我们寻求别人的认同，亲近那些认同我们的人，躲避跟我们说实话的人。但是，所有的一切都无所谓，我们都不在乎。实际上，虚假的自己并不知道自己是由别人操纵的木偶。

无论是恐惧还是恐惧衍生出来的虚假的自己，它们在恋爱阶段表现得特别活跃。对为数不少的恋人来说，初识的头几个月是最为甜蜜的时光，因为他们不仅幻想着对方的迷人之处，同时也验证着对方的幻想，向另一半展示自己最美好的一面。他们实际上变成了另外一个人，隐藏了真正的自己。当然，这种状态至多只能延续几个月时间。通常情况下，交往六到九个月以后，恋人们其他的本性逐渐开始显现，于是许多人会说，“我也不知道原来的爱情跑到了哪儿”或者“我爱你，但是已经没有了谈恋爱的感觉。”

实际上，并不是他们的爱情跑了，而是那个虚假的、幻想中的自己逐渐开始幻灭。虚假的注定无法长久存在，当这个人的其他本性开始显现的时候，原本以为的那种爱情通常会烟消云散。

查尔斯对医生说：“我简直要崩溃了。我一直深爱着弗朗辛，但她身上现在表现出的东西我原来根本就不了解。我又吃惊又害怕，觉得整个世界好像都要塌了似的。”

医生的解释是：“你根本不曾爱过弗朗辛，你爱的只是自己对她的幻想。只有当你彻底了解弗朗辛，并且依然爱她的时候，你才能说自己真正爱她。”

当然，查尔斯和弗朗辛之间的关系绝不仅仅是两个幻想中的自我产生的沉醉和迷恋。一个幻想爱上了另一个幻想，但双方都害怕被对方发现真实的自己。

安德里亚喜欢跟托尼跳舞。在长岛一次专为四五十岁单身男女举办的派对上，两人初次相识，跳舞非常默契，跳了一个晚上。次日一早，安德里亚的朋友们便纷纷向她道喜，祝贺她找到了如意郎君：托尼英俊潇洒、气宇轩昂、舞姿迷人。而安德里亚也为此激动不已，开始幻想与托尼未来的幸福美好时光。

可是，一个星期过去了，托尼连一个电话都没打过，于是安德里亚有些沮丧，但还是于一周后又去参加了派对，希望能够碰上托尼。果然，两人再次重逢，托尼看到安德里亚显得非常高兴，于是两个人又开开心心地跳了一夜舞。安德里亚心想，可能凡事都得慢慢来，托尼现在还不习惯，以后肯定会给她打电话的。不管怎么说，托尼快五十岁的人了，而且从未结过婚，安德里亚暗自思忖，也许他从未遇到过像她这样的女人。或许托尼还从未遇到过像她如此称心如意的女人呢。

两周后，安德里亚又去参加派对，再次见到了托尼。两人仍旧高兴得尽情跳舞。这样的状态一直持续了两年，这也是托尼唯一能做的，或者是他唯一想做的。后来，托尼对安德里亚说，他非常喜欢跟她跳舞，但却不想进一步深交，不管是安德里亚还是别人，他都不想。实际上，在与他曾经接触过的所有舞伴中，安德里亚是持续时间最长的。跳舞、音乐，夜晚的氛围对托尼来说已经足够，他为安德里亚制造了一个又一个充满幻想的夜晚，而这种幻想有时似乎那么真实。

有趣的是，人们之所以害怕遇见某个人，陷入爱河，建立恋爱关系，大部分都因为有着相同的顾虑。他们害怕对方发现真实的他们时会感到失望，害怕无力留住恋人，害怕双方会彼此厌倦，害怕自己有朝一日会为了爱情变成另外一个人。**实际上，事实恰恰相反。无论得到多少认可，虚假的自我从来不会真正体会到被爱的感觉；它得到的认可越多，要求的就越多。**而且，虚假的自我也从来不会付出真爱。它至多可以制造幻想、迷恋、痴迷、认可，但它终究只是虚假的自我，因而不懂得真正的爱情。一旦真爱的力量破茧而出，我们便会立即重新获得真正的自己。

如果我们过的只是虚假的自己，一个别人需要的虚幻的形象，那么我们的生活必然会变得狭隘，危机四伏。这种虚假的生活基础可能会从我们的伪装下面揭露出来，拽出来。没有牢固的根基，我们便失去了随心所欲地处理问题的平衡性、稳定性以及接近自然智慧的灵性。

相识将近两年后的一个晚上，托尼第一次主动给安德里亚打电话，说他父亲去世了，他想见见她。两人稍微吃了点东西，然后驱车来到公园。他们坐在公园的一棵大树下，托尼开始不无伤心地向安德里亚讲述了他与父亲的关系。父亲在世时，父子俩平时很少交流。忽然间听到父亲去世的噩耗，托尼十分震惊，非常怀念父亲。对于托尼和安德里亚来说，那个夜晚夜色迷人，是他们从未有过的独特体验。

虚假自我的膨胀

这种虚假的自我是如何生长，逐渐控制我们生活的呢？真实的自我为什么难以突破藩篱呢？我们又在害怕什么呢？

随着年龄的增长，我们大部分人开始生活在一层一层的角色、游戏和面具的包围中。只有摘掉面具，我们才能自由地呼吸，清楚完整地了解周围世界，更加充实地生活，人际关系也能发生翻天覆地的变化。然而，这些面具可能不会轻易就摘掉。有些人对自己的面具已经习以为常，几乎分不清哪是面具，哪是真实的自己。尽管面具无时无刻不在囚禁着我们，但我们却宁死也不愿去掉伪装，甚至有些身患重疾的人首先考虑的是自己看起来怎么样，会不会给别人留下糟糕的印象。

恐惧告诉我们的另一个谎言是：面具就是安全和美丽，而面具背后掩盖的则是恐惧和丑陋。当然，这并不是真的。我们固执地牢牢抓住自己的面具和扮演的角色，仿佛一个落水之人抓住最后的一根救命稻草。如果有人质疑或者侮辱我们的面具，面具后面的恐惧就会勃然大怒。有些人宁死也要维护自己在公众面前的形象，而一旦这种虚假的形象被人揭穿，有些人宁愿选择死亡。还有些人甚至认为自己除了面具一无所有，他们只是一片空白和空虚。

然而，生活中的变化终究会冲刷我们的形象，揭开面具，放弃游戏。那么，当伪装不再之时，我们又是谁呢？我们害怕暴露什么呢？我们为何那么害怕摘掉面具呢？

注意：

你戴的是什么样的面具？详细描述一番，完成下列句子：大部分人认为我……我希望别人把我看作……在面具背后，我是……认真琢磨琢磨自己的答案，想想这个面具真正带给你的是什么？

我们戴上面具去见别人的面具，然后怀疑自己为什么不能爱，为什么觉得如此孤独？我们都迫切需要真正互相了解，能够去爱，然而，我们所戴面具的一言一行却只有一个目的——掩饰和隐藏。面具能彼此相爱吗？面具知道如何交流吗？你愿意放弃多少面具？你愿意让自己的生活中充满多少新鲜空气？你知道面具阻隔的是什么吗？尽管我们都渴望爱，然而，难道爱却恰恰是我们最大的恐惧吗？

要想体验爱和自然的人际关系，要想摆脱恐惧，我们必须心甘情愿地逐步摘下经常戴的面具。许多人发现摘下面具本身就能令他们欣喜若狂，这是一种爱的行为，是一种接受真实自己的行为。经过一段时间的训练，摘掉面具就会变得越来越容易，并且非常有趣。你不仅会感受自由，而且会高兴地发现，压力很快就会烟消云散（戴着面具会带来许多压力）。许多人会才思如泉涌，惊喜地发掘出不可思议的洞察力，会有柳暗花明又一村的感觉。

自然的才是好的，
容易的才是好的，
做自己才是好的。
做真正的自己才是你唯一能做的事，
其他任何事都是误入歧路。

——巴关·罗杰尼斯

发现真正的自己

那么，真正的自己藏身何处了呢？或者更准确地说，我们是怎样躲着它呢？若要发现它为我们准备的丰富的勇气、力量和幸福，我们需要做什么呢？

《楞伽经》（佛教经书）里有一句精彩的箴言，非常适合马丁·布伯的心路历程。

“无需觅真实，只需忘虚幻，真实自到来。”

我们必须首先了解自己是如何依赖虚幻的，我们是怎样逃避自己的？我们依赖的是什么玩具？是什么让我们产生虚假的自我价值感？当我们抛弃虚幻的时候，真正的自己将如约而至。

稍停片刻：

想想你现在每天花多少时间逃避那些真正令你幸福的东西；每天花多少时间逃避真正的自己；又花了多少时间真正开心地与他人交往。

记下来你有多少次只是礼节性地、敷衍似的回应他人，却没有真正看看、听听、说说，或者主动要求得到对你至关重要的东西。你的生活和人际交往多大一部分都机械单调地耗费掉了？你知道这种做法剥夺了你生活的意义和快乐吗？你知道是它扰乱了你平和的心境吗？

我们受到的训练就是让我们相信过这样的生活是明智之举，它使我们安全，我们无需为此付出任何代价。这是恐惧对我们的训练，它教导我们要虚伪地生活，要我们待在安全地带，说乖巧话，做漂亮事。我们应该作出合乎规范的答案，熟练地展现乖巧的笑容，竭尽全力保持小船稳定。然而，小船已经开始摇摆了，只不过我们接受的训练让我们忽略这一事实罢了。然后，小船忽然间倾覆，而我们却不会游泳。

清醒吧，你正在失去的是自己宝贵的生命。不仅那个年轻学生杀死了自己，我们每天也在以各式各样的方法不经意间扼杀自己。

我们拒绝活出真正的自己，拒绝承认真正的自己。我们作出伤害自己的决定，坚持闭目塞听，从不主动要求对自己重要的东西。我们以为自己有大把时间静待事情改变，但事实是——我们没有。恐惧对我们说，真实是危险的。然而，真正的危险却是相信以恐惧为基础的训练：不愿清醒，不愿发现并活出真正的自己。

美国伟大的哲学家拉尔夫·瓦尔多·爱默生告诉我们：

“进行自信训练，便会获得新的力量。——我请求大家改掉不良习惯。我一定要做自己，不能再为了你而分裂自己。我相信一个道理：深刻的才是神圣的。因此，我要做任何心之所指、让我快乐的事。”

然而，又有多少人知道什么是“心之所指、让自己快乐的事”呢？有多少人已经麻痹了自己，将快乐拒之门外？要想专注于别人的倾诉，真正关心别人，我们首先必须要学会如何专注于自身，如何真正关心自己。

恢复自己：找回自我

如今，社会上有许多康复群体。许多人正在试图改掉某些不良嗜好，比如酗酒、吸毒、虐待、性瘾、饮食紊乱及其他各种上瘾症。有没有恢复自己的项目呢？一旦找回了自我，平衡便会重新建立，一切都会恢复正常。其实，生活中的许多嗜好和贪恋均源于失去自我的空虚感，源于寻找自己的渴望。

如要消除恐惧，我们首先必须找回真正的自己，活出真正的自己。只要我们认识到了这一点，接下来的步骤便易如反掌。首先，我们要停下来，拒绝恐惧的控制，直面恐惧。然后再循序渐进地采取接下来的步骤，真正的自己自然而然便会恢复。不妨试试看。

让我们接受《楞伽经》的忠告，抛开虚假之物，开始寻找自己的旅程吧。当然，开始旅途的前提条件是要知道哪些是虚假之物，这因人而异。放弃一件虚假之物，另一件可能会随之而去。你无需同时抛弃所有虚假的东西，应该像剥洋葱一样，从外向里循序渐进，最终到达内核。

你是谁？你不是谁？

要想知道我们是谁，必须首先知道自己不是谁，知道我们生活中什么是虚假的，什么是不可行的。我们必须知道什么令自己讨厌，什么对自己有害，什么与真正的自己背道而驰。我们必须承认并且确认自己不能做什么，不适合做什么。许多人年复一年地挣扎着要让自己满足他人对自己的期待和要求，符合自己应该表现的形象。家里人最喜欢将这些形象和要求强加于家人身上，这样做的同样还有“恋爱”中的人。然而，这些强加在我们身上的形象可能是致命的，它们可能让我们感到痛苦、扭曲，缺乏自我接受感，不了解真正的自己。

“囚禁我们的牢房不是真正的自己，而是我们想象中的自己。”

花一些时间，看看对你来说什么是自然、简单、快乐的事，什么能真正带给你生活的激情和满足。把它们写下来。

然后再花些时间看看什么是不自然、不简单、不快乐的事，什么会带来矛盾、困难、迷惑和沮丧。是什么将你摧毁，伤害你的感情，让你食不甘味？我们通常并不注意这些，往往一味为了适应虚假的形象而忽略自己的感受。现在，停止这一切的时候到了。你需要做的第一步是看清虚假的本来面目，然后对它说“不”。

如果你不能说“不”，就不能说“是”

这是句至理名言，是一剂良药，需要深刻体会。没有这句话，我们就不可能变得无所畏惧，因为我们的恐惧大都源于我们不能说“不”。我说的不是由于抵制、生气或者倔强而不假思索脱口而出的“不”，我说的是另一种“不”。它来自于了解并接受我们是谁，我们不是谁；它来自于知道什么是真的，什么是假的。这个“不”是自尊的表现，是对我们自身的承认。我们无需掩饰、歪曲或者拒绝真相，我们不必在所有人面前表现得八面玲珑。

许多人并不知道自己不是什么，也不知道应该对什么说“不”。如果在所有方面做到面面俱到，他们就会感到自责或愧疚。这些人可能觉得自己应该满足所有人的要求，否则便会产生挫败感，觉得自己不对劲。他们担心如果对别人说“不”会遭到对方的排斥，或者认为自己有能力做任何事，在任何地方都能如鱼得水，对任何要求都能有求必应。实际上，这样做分散了他们的力量，迷惑了头脑。这样的生活方式使他们失去了真正的自我，无法鼓起勇气做真正的自己。

如果因为你说了“不”别人就排斥你，随他们去吧。本书后面还会谈到如何抵制别人的排斥。眼下，你只需明白，如果你不会说“不”，实际上就是在拒绝真实的自己。另外，你也要明白，如果不能说“不”，你就不能说“是”，那么你的“是”就不是一个真正的肯定答复，它只是个机械的、脱口而出的答复。它的根源是责任和要求，以及被人接受的渴望，这不是真正的、发自内心的“是”。如果你不能完全地、无条件地、清清楚楚地说“是”，那么你就不是真正的自己。相反，如果你能无条件地、发自肺腑地说“是”或者“不”，恐惧便无处藏身。

伟大的中川宋淵禅师曾经这样说，如果我们想发现房间的美，往往会往里面搬很多漂亮东西：家具、绘画、地毯、装饰。然而，要想发现房间真正的美，最好把所有东西都搬出去。空房间才能展示原本的美。当我们把所有东西都搬出房间，实际上是在对我们不想要的东西说“不”。我们将所有装饰搬出房间是为了恢复它原本的面目。

下面有些问题我们需要认真思考，这些问题将帮助我们清扫房间。找个本子，写下你的答案，每天读一读。记下来我们抛弃的东西，对什么说“不”，以及发生的事情，这种做法将会让我们受益无穷。

结尾：练习

恢复自己的步骤：培养做自己的勇气

下面有几个重获自我的步骤，十分简单，但非常有效。每天坚持做，每次只改变一点，等这一点做得非常完美之后再改下一个。将这个过程中以及随后发生的变化都记录下来。当你知道发生的奇妙变化时，将会获得更大的勇气继续坚持下去。

1. 一天摘掉一个面具

你每天戴的都是什么面具？你希望别人怎么看你？你最怕别人看到你的什么？你为此付出了什么代价？

一天摘掉一个面具。每天腾出那么一小会儿时间做你自己。无论你担心自己哪些不尽如人意的地方，每天花点时间试着喜欢它（挣扎和愤怒只会徒增自己的痛苦，让它愈加顽固）。欢迎自己的不足之处成为你生命的一部分，善意地对待它，给它些空间生存，允许它轻柔地表达自己，让自己看到真相，说出真相。

2. 给快乐的事腾出一些时间和空间

什么让你觉得最快乐，最有成就感？（快速回答，写下第一个映入脑海的事情。）不必考虑别人会怎么看。

你在生活中给快乐的事多少空间？多少时间？多少精力？

每天都将那些让你快乐，给你带来成就感的事情融入自己的生活。即便开始时每天只有几分钟也会产生极大的不同。

3. 说出你真实的想法，主动要求你需要的

你需要说而未说的是什么？你要跟谁说？

你真正希望从别人那里得到什么？你愿意主动要求吗？你希望得到的答复是“是”和“不”吗？这非常重要，你应该给别人说“是”或者“不”的权利，不要把对方的答复当成是对你本人的看法。

以温和友善的方式，大声说出你真正想要的东西。这并不意味着责备、憎恨或者攻击别人，只是代表着你要为自己的感受、需求及想要表达的东西负责，态度坚决，不卑不亢。

4. 现在就明确自己的立场

你愿意维护自己的利益吗？你会站在自己的立场上吗？你会了解、欣赏并确认自己的经历吗？

每天都抽出些时间与自己独处，发现内心的想法。养成记日记的习惯，多多散步，到海边去，流连于公园，静静地坐在靠垫上，一动不动，舒缓地呼吸，品味每一次呼吸。成为自己的好朋友。

5. 说“不”

生活中有些事需要说“不”，但是你却忍受了数年，都是哪些事？好好想想，然后一次一个，对其说“不”。每次只针对一件事，体味自己的感受。说“不”的时候不

要带着愤怒或仇恨之情，你之所以说“不”，只是因为你有权拒绝不适合自己的事物。这是发现并活出真正自己的唯一方法。

6. 说“是”

你能真正地、发自肺腑地、毫无保留、毫不怀疑、斩钉截铁地对什么说“是”？列出来，认识它们，然后逐个地说“是，是，是”，体会一下完全接受和承认，以及坦诚地说“是”所产生的美妙感受。在生活中你能向谁说“是”？马上给他们打电话，说出来。

你对不适合的事说的“不”越多，就越有能力说“是”。随着恐惧和犹疑的离去，你能说“是”的东西必将迅猛增长。

7. 选择生活，选择力量

选择做这些练习。记住，你拥有选择的权利，恐惧不能控制你，除非你自己选择受制于它。

至理名言

你有权主宰自己的生活和世界

你的生命是赋予你和整个世界的珍贵礼物。任何人、任何想法、任何感情都无权主宰你，只有你才有最终的权利选择前进的方向。

第二章
不再依恋 坦然放手

"弱之胜强，柔之胜刚。"

——《道德经》

萨拉全副身心地要做个好母亲，整天都围着孩子们转。为了能一直照顾家庭，她放弃了许多个人以及事业上的机会。孩子年幼需要母亲时，这对萨拉来说并不是什么了不起的牺牲。然而，时光荏苒，孩子们长大后需要更多的独立，此时，萨拉内心的空虚感越来越强烈。如今的萨拉害怕迈出新步子，便更加想抓住家庭。然而，尽管她依恋着孩子们，但毕竟他们已经长大成人。当孩子们一个个离开家，开始自己生活的时候，萨拉受到了深深的伤害。

于是，她开始抱怨："我已经一无所有了！照顾了孩子们这么多年，如今却被无情地背叛了。"

但是，究竟是谁或者什么背叛了萨拉？她固执地以为，凡事都是一成不变，孩子们总是一如既往地需要她，她的角色永远定格在母亲上，生活不是由一系列的变化组成。我们总是抱着一种奇怪的看法，认为生活中的任何事都会、也应该一成不变。我们对这种观念深信不疑，因此，当我们喜爱的人离开的时候，当美妙的感情淡漠的时候，当我们的身体发生变化的时候，当他人的行为出乎意料的时候，当孩子们长大离家的时候，或者我们的运气时好时坏的时候，我们总是会惊诧不已。当这一切发生的时候（按照自然规律，这是必然现象），我们甚至会感到自己遭到了侮辱或者背叛。许多人会说："这种事怎么会在我身上发生呢？"有些人觉得自己是变化的受害者，似乎变化本身证明了他们是彻头彻尾的失败者。他们未能让所有的一切完整，未能将事情保存原样，未能实现某些期待，而这些期待实际上并未考虑变化的必然性。

你不能两次踏入同一条河流

希腊哲学家赫拉克利特告诉我们："人不能两次踏入同一条河流。"第二次踏入同一条河流的时候，不仅河流本身变了，你也不再是原来的你：你的体温和情绪变了，踏入河流的时间也不同了；此外，发生变化的还有你的细胞、思想、感情和理解力。过去的事情已经影响了你的一切。另一方面，河流也经历了变化：它冲刷过了岩石，流过了灌木，翻卷了河里的各种鱼儿。所有的因素都改变了流动的河水，河不再是原来的河，而你也不再是原来的你。多么美妙、多么奇异啊！

然而，有些人却没有看到变化过程的美妙和奇异，相反，他们觉得变化十分可怕，想方设法要阻止它、抵制它、对抗它。他们在脑子里和心里用古板的观念、想法和期望筑起大坝，企图将水流和生命逆转如初。

这些人其实并不明白，如果不是不断进行的变化过程，凡事万物都不会生长发展；我们对自己以及与他人之间的相互了解无法加深；不能分辨幼稚的迷恋与真正的爱情的区别；吸气之后无法呼气。如果没有变化，婴儿就不会学会坐，学会爬，也不会学会走路，他们将永远都是长不大的婴儿，那么他们的生活就无法完满。变化是我们的朋友，是一件珍贵的礼物，我们必须学会认识变化的重要意义。

然而，恐惧却图谋不轨。它告诉我们，变化是危险的。我们的安全感源自于固守过去，固守熟悉的东西，固守孩提时代学到的知识，固守家人相信的观念。恐惧还告诉我们，老路子是正确的，而新方法无论看起来有多好，其实都是错误的。归根结底，恐惧就是在告诉我们：不要长大。哲学家齐克果说，我们大多数人长到15岁就不再长了。这句话千真万确：我们的年龄可能增加了，但其他方面却裹足不前，没有培养更进一步的质疑能力、灵活性和开拓性。相反，我们往往拘泥于老方法，不断重复过去的错误。

强迫性复现症

伟大的心理学家弗洛伊德提出了一种叫作“强迫性复现症”的心理学现象。这是一种无意识的强迫症，患者忍不住一遍遍地复现过去的事情或关系，而这些事情或关系要么给他们造成过痛苦和创伤，要么是他们从未真正明白或接受的事情或关系。患者时常机械地、无意识地被迫想起相同的关系或情景，因为在内心深处，他们希望自己康复。我们希望事情这次会与从前不同，但结果却往往相反。事情本事不可能产生相异的结果，因为在复现相同事情的时候，我们也在重复相同的反应。一切都一如往昔，没有发生任何变化。固有守旧的老方法、老观念和老期望一遍遍地复现。相同的情景每重复一次，相同的结果每产生一次，大多数强迫性复现症患者的沮丧和绝望就会增加一分。

穆拉·纳斯鲁丁曾经讲过一个故事，极好地说明了这种情况。一个人面前放着一碗极酸的泡菜，他一个接一个地尝，每咬一个，都会酸得直咧嘴。一位朋友经过，看到了这一幕，便问他：

“你为什么一个接一个地吃这些泡菜呢？”

这个人答道：“因为我想吃到那个甜的泡菜。”

此人与我们所有人一样，不去尝试其他东西，不去找另一个碗，不去找另外一种食物，却反而一遍一遍地重复同样的事情，绝望地希望着痛苦和难以承受的东西会忽然间变成甜的。他实际上已经陷入了强迫性复现症的魔爪，变成了恐惧的囚徒。

当恐惧控制了我们的生活，我们就会出现一些机械的、无法停止的、千篇一律的动作，不敢离开这一碗酸泡菜，甚至不敢想象某些甜的、美味的、滋养的东西会在其他地方等着我们。恐惧阻止我们尝试新的机会，阻止我们超越某些特定的行为。这样的生活使我们承受着巨大的痛苦，任由恐惧肆意控制。

改变不是失去

许多人拒绝放手，不愿尝试新鲜事物，原因在于他们并没有意识到，改变不是失去。改变就是改变，仅此而已。改变是必然的、自然的、健康的、必要的、真实的。这些人没有意识到改变可以带来新的生机和成长，而把它当作一个坏蛋，一个夺去他们所拥有的东西和所爱之人的坏蛋。他们还不明白一个道理：属于他们的，谁也夺不走；不属于他们的，无论怎么抓，最后终将失去。

东方有种观念，叫作“因果报应”。它指的是，由于我们今生前世创造的因果报应，我们才会为了某种目的遇到某个人。因果报应的基础是因果关系，我们的思想、行为和举动形成了各种原因，或早或晚，这些因由的结果都会在我们生活中出现。

某个时刻，因果报应便会瓜熟蒂落，我们因而会体验一个新经历，其形式可能是一段新感情，一份新工作，一场疾病或者一次经验教训。这种经历是为了帮助我们成长、学习，抵消我们原来的某种因果报应。有时候，这种降临的结果是痛苦的，但是只有这样我们才能成长。我们需要学习对待这种经历的新方法，需要平衡从前的因果报应。即便这种因果报应是一次积极的经历，比如恋爱，它也只会逗留一段特定的时间，然后离我们而去。无论是挽留还是依恋都无济于事，有时甚至会适得其反。

生活自有其来来去去、相见分手的固有规律。一旦我们接触过了，相见过了，分享过了，那么在内心深处总会有千丝万缕的联系，就永远不会失去什么了，因为我们已经成了彼此的一部分。放手经历的一切，我们才能学习、成长得更快；痛苦和挣扎也会更少，也才不会为未来制造更多的消极结果或者因果报应。

按照因果报应的观点，恐惧既是原因也是结果。恐惧警告我们只能生活在自己特定的社会、民族或宗教群体中，要时时刻刻小心其他群体。于是，因果报应就像“强迫性复现症”一样，不断地一次次重复。我们把那些跟自己不一样的人当成危险分子，不能相信他们，要将他们拒之千里。

有一家人新搬到了一个高档社区，这个为人和善的家庭迫不及待地想见到新邻居们。然而，仅仅因为这一家人的肤色与众不同，那些老住户们便心生警觉，家家关门闭户。门里面的那些人警觉地保护着自己、家人以及他们的信仰，却从不知道新搬来的邻居是什么样的人，他们带来了什么礼物，他们会如何让自己的生活更加丰富。同样，他们也没有意识到自己给那户家庭带来了多大的伤害。然而，无论我们知不知道，当我们给他人带来痛苦的时候，实际上是给了恐惧膨胀的机会。在内心深处，我们期待遭到报复，或者千方百计地惩罚自己。

重要的是，我们应该看清楚恐惧是如何狡诈地将一个可能是充满希望、快乐满足的生命变成了一个自我封闭、充满恐惧的生命。当我们开始了解自己恐惧的严重程度的时候，不仅能开始同情自己（和别人），同时也已开始寻找逃避的途径。只需一点光线进来，我们很容易就会发现，恐惧的墙上已经出现了许多裂缝。在起初看起来固若金汤的石狱里面，其实有许多隐蔽的大门、窗户和裂口。

思想的疾患

为什么人们难以自然而然地接受生活中的差异和变化，顺应潮流，坦然放手呢？我们的生活如果被恐惧支配，就会对不喜欢的东西，威胁我们或者令人沮丧的东西充满戒备之心。我们会躲避它、拒绝它，竭力将其拒之门外。与此同时，我们也在不断寻找自己喜欢、能带来快乐、使我们感到稳定、温暖和安全的东西。一旦发现自己喜欢的东西，我们就会紧紧抓住，深深地依恋它，把它当作生命的至宝。如此一来，我们宝贵的生命就将一半的经历拒之门外，而对另一半死抓不放。在这种生活状态下，我们就会完全依赖外部条件和他人来获得幸福感。

由于人和条件都在不断变化，我们永远都不会获得真正的安全感，也不会明白什么是真正有益的，什么是有害的。我们往往拒绝那些可能是意义重大的、美妙的东西，却迷恋那些自认为伟大、实际上却是消极的东西。

注意：*你追求的、渴望的、想要抓住不放的是什么？你经常躲避、拒绝、隐瞒和逃避的是什么？你知道由此而带来的巨大损失*

吗？你知道它耗费了你多少时间、思想和精力吗？这种生活状态给你带来了舒适、安全或幸福了吗？不要欺骗自己，现在我们需要的只有一点：诚实。

如果我们开始放手，开始敞开双手，敞开思想和心扉，就会扭转这个千年不变的固定模式。我们将意识到，个人的好恶并非衡量事物的标准，不能以此为生命的基础。我们之所以不喜欢某物，通常是因为不了解它。另外，我们摒弃的也许是真正有益的东西。此外，我们的好恶也在不断变化，今天喜欢的东西明天就可能避之不及。

在我们学会消除恐惧的过程中，有一点非常重要：务必要下定决心，不再清楚地区分自己喜欢或不喜欢的东西，不要单纯地追求一件东西而拒绝另一件。相反，我们必须逐渐学会向生命中的一切敞开怀抱和心扉。

道元是位伟大的禅师，他年轻时曾前往中国学禅。经过多年的潜心学习，他历尽千辛万苦重返日本。回到日本的时候，许多耳闻其事迹的人都前来拜访，希望知道他在中国有何收获。当他们问道元这些年在寺院里究竟学到了什么时，道元禅师说：

“我带回来的只有空空如也的双手。”

道元所说的“空空如也的双手”具有非凡的意义。只有双手空空如也，不抓任何东西，人们才会灵活自如，才会乐于奉献。他们可以感觉、可以触摸，可以向他人敞开怀抱，给与他人，同时也能接受礼物。道元张开的双手乐于接受生活的全部，并不依恋自己喜欢的而拒绝其他的。他非常愿意亲身经历所有的生活体验。

让自己的双手空空如也。你紧抓的是什么？你能不能暂时张开双手，坦然放手？你能否不再紧抓渴望的东西，不再拒绝自己讨厌的东西？想象一下自己张开双手，放手某些东西；想象一下张开那双可能会握紧拳头准备与生活搏斗的手。停止挣扎，不再拒绝，坦然接受吧。

不再拒绝生活，要拒绝恐惧

在内心深处，我们并没有给生活多少空间。相反我们以各种方式评价它、谴责它、拒绝它、抛弃它、伤害它。恐惧以伤害生命为乐，这就是它存在的主要任务。不要让恐惧得逞，制造伤害从来不曾、也永远不会产生好结果。我们必须把自己从恐惧中解脱出来，去寻求另外的兴趣。当心中萌生伤害或者拒绝的念头时，你要明白，这种想法不属于你，它属于恐惧，你无需听任恐惧的疯狂之举。

转身面对恐惧，对它说“不”。不再拒绝生活，要拒绝恐惧。

学会应该对什么说“不”是对付恐惧最有效的药物。我们使用这种药物的方法有很多，当下最紧要的是对有害的依恋说“不”。练习一下张开双手，敞开思想和胸怀，这样便能重新获得灵活性、自发性和真正的安全感。拒绝僵化。一旦张开曾经紧握的拳头，伸出双手，你就会惊喜地发现：所有美妙的人、经历和内心的自由都会来到我们的生活中。

有一个故事讲述了一个乐意坦然放手的大师。事情发生了，他欣然欢迎；事情平息了，他也不强留。

从前，一个小山村里住着一位禅师，深受村民敬爱。这位禅师终日打坐冥思，而村民们则自发地给这位圣人送食物和其他贡品。所有人都对他赞不绝口。他在那里的生活安详、简朴。

忽然有一天，村里一个未婚的姑娘发现自己怀孕了，但是孩子的父亲却说他要离开，因为他还没有做好当父亲的准备，不愿照顾她和孩子。这个绝望的姑娘束手无策，没有人能帮她，于是，她便对村民们说自己肚子里的孩子是那位禅师的。消息传到禅师的耳中，他只是淡然地说："是吗？"

村民们大惊失色，对这位禅师的看法立刻发生了巨大的变化，甚至一提到这个人的名字也会怒不可遏。他们说禅师的坏话，不再拜访他，也不再给他送食物。这位禅师听说这些事之后，仍旧只是淡然地说了一句："是吗？"

孩子出生了，那个姑娘把孩子送到大师的面前说："给，这是你的孩子。"

"是吗？"禅师说着，慈爱地伸手接过了孩子。

禅师对这个孩子精心抚养。几年后的一天，孩子的亲生父亲又回到了村庄。他对自己当初离开的行为非常后悔，希望能与那个女子和孩子团聚，照顾他们。那个女人欣喜不已，将事情的真相告诉了全村人。然后便和那个年轻人到禅师那里要自己的孩子。

禅师淡淡地问了一声："是吗？"便慈爱地将孩子送还给了他的亲生父母。

于是，全村人又开始赞誉这位禅师，一谈起他就红光满面，兴奋不已。他们又开始拜访他的草屋，给他送礼物和食物。

"是吗？"禅师说着，坦然地接受了村民们的礼物。

这位禅师从来不受一切外来因素的影响，宠辱不惊，得失不计。他无所畏惧，能够完全接受发生在自己身上的所有事情；而时机成熟之时，他也能够完全坦然放手。

"是吗？"是一种练习，是对事件的一种回应方式，包括好事和坏事，快乐的和痛苦的事。上面提到的那位禅师并未匆忙跳上生活的过山车，体验刺激，旅程结束后轰然倒下。相反，他自始至终只关注自己，不让自己受制于各种变化。**他清楚地知道，一切不过是过眼云烟，好的可以变成坏的，坏的可以变成好的；快乐可以变成痛苦，痛苦也可以变成快乐。**大师以自己的感受为中心，怀着浓厚的兴趣观察生活，坦然接受并关心发生的一切，从而不为发生的事情担心忧虑。他既不渴望获得赞誉，也不害怕受到责备。当别人抓住不放或者产生依恋的时候，这位禅师却不会恐惧，他有能力全心全力地去爱，去关心发生的一切；当它走的时候也会坦然放手。

刺穿恐惧

如果我们再仔细地观察那位禅师的行为，便会很容易地看清恐惧的根源，知道如何摆脱恐惧。在上面这个故事中，假如那位禅师奋力保全自己的名声；假如他因为村民们夺走了他的一切而对其怀恨在心，那么麻烦就会增加，使他自己和其他人产生恐惧。然而，那位禅师却拒绝仇恨、拒绝责备、拒绝怨愤，因为这些消极情绪只能使恐惧有增无减。

如果那位禅师拒绝养育那个孩子，将那个女人拒之门外，不仅他的想法会深深地影响母子二人，还会在小山村引起轩然大波，而他也将置于舆论的风口浪尖。但是，禅师却坦然接受了发生的一切，因而可以维持相对平静的生活，从而消除了他人和自己心中的恐惧。

到了该放手的时候，如果这位禅师抱着孩子拒绝归还，如果他不知道如何归还给生活赋予他的礼物，那么，痛苦和恐惧将会再次出现。不过，他十分清楚，什么东西都不完全属于他，所有的一切只是逗留片刻，最终仍要离去。因此，他便不再害怕失去，依旧保持平和的生活状态。

这位禅师已经懂得如何张开双手。他看到了生命的短暂，知道所有的一切都只逗留片刻，终要离去。这个事实并未使他伤心，反而使他得到解脱，可以平静安详地生活。他并不依恋于某一种特定的结果，而是顺其自然；他也不按照自己的特殊需要而抓住或者歪曲正在发生的事情。但这并不意味着他无法去爱。实际上，禅师只要放弃依恋和固守，他就已经能够完全奉献自己。这位禅师对生活的发展并没有特别的计划，对自己在生活中的角色、自己的重要价值、理应得到的荣誉和名声也没有特定的想法。他已经找到了一个永远不受威胁的真正的安全之所。

逃离恐惧

或许那位禅师似乎不是凡人，但实际上他跟我们普通人一样，就是凡人一个。他唯一的与众不同之处就在于他明白拥有平和心境的基本原则，并且切实遵守。我们同样也可以按照这些原则，每天实践。**本书就是要教你如何逃离恐惧，书中的每个练习、每条建议、每句至理名言都是恐惧编织的黑暗中的一丝亮光，我们应该让这些光闪耀。**有时，光线忽明忽暗，我们在光亮中看到了出口，旋即却又落入恐惧的黑暗中。这种情况极为自然，只需继续让光亮闪耀，带来更多的光线。

当恐惧不期而至的时候，停下脚步，直面它，把它当作空气一样呼入体内，然后再呼出来。立即选择你认同的建议，开始练习。如此一来，墙上的裂缝，也就是你逃离的方式，就会越来越大，而恐惧的攻击力也会越来越弱。最终，恐惧欺骗我们的谎言也将逐渐被揭穿。

亚历克斯开始逃离恐惧，生活也因此揭开了新的篇章。周围的人对他更好了，各种活动也变得更加容易了，而他也开始对生活方向有了新的认识。很多时候，他的确觉得心胸开阔，心情舒畅。然而，忽然之间，亚历克斯又把自己冻结了。他说，事情简单得让人害怕，生活方式的变化也让人心惊胆战，他想再按照原来的生活方式过一段日子。于是，他暂时陷入了那种貌似安全的逃避之中。尽管如此，他已经尝试了不同的滋味，因此，他的这种逃避不会持续很长时间，因为在内心深处，他已经知道了拜托恐惧的方法。

为什么逃离恐惧本身会让人害怕呢？原因在于：假如放手恐惧，有些人不知道什么能带给他们安全感？他们早已相信了一个弥天大谎——恐惧可以让他们安全舒适。因此，如果他们越害怕，就对危险越警觉；事情越稳定，生活就越安全。

然而，事实恰恰相反。我们越害怕，就越看不清事态的发展，也无法看清彼此，或者真正倾听他人。我们脑海中萦绕的只有那些令人心烦意乱的声音。恐惧冻结了我们正常的人际交往以及生活的各个方面，于是我们变得越来越僵硬，往往感觉生不如死。死人僵硬不动，而活人却灵活自然，能够适应各种条件，能够自由地付出、接受，能够坦然地放手。恐惧引诱我们牢牢地抓住一切。我们并没有意识到，产生恐惧的正是我们的固执，攥得越紧，手里的东西就会碎得越厉害。

停下来：

想一想，你紧抓的是什么？你害怕放手的是什么？眼下，你只需留意一下这些问题，看看自己抓得有多紧，看看你如何拒绝失去和改变。你在与时间抗争吗？你不愿失去所有想要的或者喜

爱的东西吗？这样做对你喜爱的东西会产生什么后果？随时留心这些问题。

我们拒绝放手，实际上是在与宇宙的一种力量抗争，即变化的力量。当然，最终获胜的必将是这种强大的宇宙力量。谁也不能阻挡潮涨潮落，谁也不能阻挡太阳朝升暮沉，哪个人愿意这样虚度光阴呢？然而，许多人偏偏要与事情、人们、信仰、思想、需求的变化抗争，所有这些都是不请自来，最终都要悄然而去的。我们抱怨自己，谩骂他人，谴责上帝，发誓永不再爱，不再关心任何事。毫无疑问，这种状态正是恐惧煽风点火制造的疯狂行为。

恐惧对疯狂情有独钟。它不仅鼓动疯狂，实际上就是疯狂本身在千方百计地试图扰乱我们的正常思维。然而，只要我们看透它的本质，只要我们把疯狂当作疯狂，神智便会恢复。疯狂的生活方式非常危险，拒绝面对现实十分愚蠢。不过，人们的一些非理性行为同样可以理解，T. S. 艾略特对这种情况的描述极为贴切：

“人们不能承受过多的现实。”

为什么会这样呢？因为恐惧已经渗入了我们的骨髓，使我们无法体味现实。但是，真正能带我们驱走恐惧、逃出牢笼的只有现实。

现实有益无害

尽管恐惧对现实编造了无数谎言，但现实的确有益无害。这至理名言似乎令人难以置信（实际上，这句话是另一句至理名言的基础），因为恐惧不断训诫我们：现实充满危险，恐惧益处多多。现在，赶快放弃这种可笑的观念吧。如果生活的现实有害无益，那么我们的生存、成长、奋斗、爱、笑、创造、崇拜从何谈起呢？我们怎能看到周围美丽的世界呢？我们又怎能在饥饿时吃饭，或者拉朋友的手呢？那么，是谁把我们受邀参加的盛宴变成了囚禁的牢房？是谁怀着恶毒的眼光看待生活？

停下来：

想想生活的美好，它是如何给予你、支持你、滋养你的？停下来扪心自问，你有没有感谢过这一切？你有没有给予、支持、滋养过生活？对于生活馈赠的礼物，你是坦然接受还是断然拒绝？

除了“强迫性复现症”之外，人们通常易患另一种疾病，我称之为“拒绝生活强迫症”。我们往往以各种方法拒绝生活，却反而抱怨生活拒绝了我们。（以后的章节中将会详细论述。）就目前而言，“拒绝生活强迫症”的直接根源就在于我们不愿面对现实。一旦转变这种错误的观念，我们将会充分体验到生活的乐趣和幸福。

许多人之所以拒绝现实，主要是因为害怕变化，他们担心自己体味到的美妙的东西会转瞬即逝。不过，尽管一种体验会消失，但立即会有另一种体验等着你。只要你不忙着把它与曾经的或者即将到来的体验进行对比，每一种体验都将美妙无比。我们无需害怕短暂，而应全身心专注于短暂的过程，尽情享受其中的乐趣。

转瞬即逝的世界

"一切有为法，如梦、幻、泡、影；如露，亦如电，应作如是观。"

——《金刚经》

人生苦短，转瞬即逝。我们来到世间，活上一遭，溘然而去。尽管这可能引起恐惧和悲伤，但同样可以成为我们快乐简单生活的理由，也可以让每一天都显得弥足珍贵，让我们看清生活中真正重要的、珍贵的东西。面对并接受生命短暂这个事实可以让我们享受生命的每时每刻，珍惜每次际遇。最重要的是，它可以增强我们的决心，不允许我们宝贵的生命之旅被恐惧充斥。

"如果真正意识到相伴的人某天会离开人世，谁能不和善呢？"

恐惧却不愿让我们看到这个事实，它让我们戒备短暂的生活，告诉我们目前的生活状态将会永远如此。恐惧提供各种方法试图让我们永葆青春，假装时间永远停滞不前。然而，生活的短暂性却无法防备，它是生命最基本的事实。一旦我们明白这一点并坦然接受，一切都将开始改变。

我们害怕短暂，企图通过依恋和执著来躲避这种恐惧，试图让一切都显得固若金汤，似乎生活本身便有赖于此。我们的生活本身似乎完全依赖人际关系、金钱、地位和成就，因此举止言行处处体现着这种观念。然而，事实却并非如此。生活依赖的是其他东西。当我们发现生活的真正根基之时，就会完全摆脱恐惧的控制；如果我们觉得生活依靠的是变化的、不稳定的、转瞬即逝的东西，恐惧便会完全占据上风。

结尾：练习

不再依恋，坦然放手

1. 松开紧攥的双手

你抓得最紧的是什么？它妨碍了你什么？你愿不愿意稍稍松开双手让它离开？今天，就请你稍稍松开双手，明天再松开一点。

2. 别再区分好恶

你是如何区分个人好恶的？你追求的是什么？拒绝的是什么？这样做你失去的是什么？今天，请你转变一下。别再追求喜欢的东西，也别再拒绝讨厌的东西。无论发生了什么，只需坦然面对，淡淡地说一句："是吗？"

3. 来临之时，欣然接受；离开之时，坦然放手。

看看你的依恋和执著是如何制造恐惧的。请你下定决心：今天一整天都不强求任何事情，而是顺其自然。来临之时，欣然接受；离开之时，坦然放手。如此一来，你的感受将会与此前不同，而世界对你的回应也将发生巨大的变化。

4. 别再拒绝变化

你是不是总想让事情一成不变？这种一成不变的状态持续了多久？事情是不是最终仍旧发生了变化？你过去是如何看待这些变化的？你为此谴责过自己或别人吗？你有没有试着改变这种状态？现在，你能否让凡事都顺其自然？

5. 让变化顺其自然

你有没有迫切地想按照自己的时间和方式改变某件事？如果这样，你实际上是把自己的需求和观念强加于这件事本身。你能不能任事情顺其自然，不再插手，让变化按照其自身的方法、时间和节奏发生？即便你万分不情愿，变化也仍旧会按照自己的时间和节奏发生，插手又有何用？我们之所以插手是因为想要其他东西，想让自己感到安全。但是，能带来安全感的只有一个方法，那就是远离恐惧。当你不再推三阻四，不再试图改变生活的时候，内心深处的恐惧便会逐渐消失，安全感自然会逐渐增强。你不妨试试看。

至理名言

人不能两次踏入同一条河流

承认生命的短暂吧，与之和平共处。花些时间观察那些自然而然发生的变化，拥抱这些美妙的变化，看看它们如何带来新的经历。接受你自己以及所爱之人的变化。对于你本来可能会拒绝的事物，同样花些时间注意它们的变化，你现在还会拒绝它们吗？

练习一下如何享受变化，欢迎它成为你生活的一部分。如果你注意到脑海中闪现出对改变的灾难性期待，需要做的就是注意它、拒绝它，对它说“不”，然后放手。专注于生命赐予你的所有。你应该明白，那些期待只不过是恐惧这个跳梁小丑在蠢蠢欲动罢了。

第三章

倾听内心的呼唤

"只有真实地生活才能真正做到眼明心亮。"

——爱默生

桑德拉担任公司高层已经十二年有余。尽管公司遇到了一些困难，她仍然一如既往地尽职尽责，以为公司面临的问题很快就会解决。她认为自己是公司团队中的重要一员，自我评价颇高。可是，一个周五的早上，老板走到桑德拉面前，对她说公司不再需要她，要立即将她扫地出门，她简直不相信自己的耳朵。桑德拉以前根本没有意识到公司问题的严重性，也从未想过自己有朝一日会被炒鱿鱼。老板刚宣布完命令，桑德拉的电脑及所有的业务联系人均当即封存，贴上了封条，她只有几分钟时间收拾私人物品，甚至连与朋友和同事道别的机会都没有。转瞬间，她在公司的身份便被完全抹掉了。

桑德拉震惊之余，却束手无策。这件事完全出乎她的意料，已经超出了她的承受能力。桑德拉突然被炒这件事在同仁中引起了极大的混乱，一时间人心惶惶，不知道同样的厄运接下来会降临到谁的头上。

对于公司的实际状况，桑德拉此前显然一直生活在自己的幻想中，将现实拒之门外，忽略了一些明显的迹象。假如她当初能注意到这些迹象，便会更好地准备应对这场突如其来的变故。但是，忽然被辞退之后，桑德拉无法接受这个沉重的打击，不知该何去何从。接下来，她也没有积极地想办法解决问题，或者跟朋友倾诉苦恼，获得安慰，并最终寻找新工作，而是完全隐退到幻想和梦想中。她变得不敢迈出家门一步，不敢尝试新东西，终日回想着发生在自己身上的遭遇。有时候，桑德拉认为自己的所作所为无可厚非，发生的变故根本不是她的错，所以便花很长时间自怨自艾；而有时候她则幻想着去跟公司讨个说法，重新拿回属于自己的东西，脑海里萦绕着报复的快感；还有些时候，她则会埋怨自己，觉得自己如今的状况都是由于自身的缺点和不足，于是便无情地惩罚自己，历数从前所有的失败经历，为此而对自己深恶痛绝。

桑德拉这种矛盾的状态反映了她性格的不同方面，它们交替出现，控制了她的想法。事实上，这些相互矛盾的内心的声音并没有告诉桑德拉如何解决问题，反而让她更加脆弱，更加不知所措。她不知何去何从。

生活中发生意料之外或者令人震惊的事情时，许多人都无法承受。我们对变化猝不及防，从而受制于恐惧，似乎整个世界都危机四伏、缺乏理性。我们不知道下一只鞋子什么时候会落下来砸在自己头上，不知道能真正相信谁，哪里才是安全之所。我们不仅失去了依靠别人的能力，同时也失去了依靠自己的能力。我们不再确信发生的一切，不清楚什么是真的，什么是假的。在这种状态下，我们很容易遁入幻想世界，似乎幻想可以带来慰藉，提供解决问题的方法。但事实上，这些幻想只能切断我们与现实、与可行的解决方法及平和心境之间的联系。

虚幻的慰藉

"人们不能承受过多的现实。"

——T. S. 艾略特

许多人大部分时间都生活在幻想和空幻世界中，但是我们却并未意识到，因为这是一种自发自觉的行为。一旦出现了棘手的问题，强烈的愿望受到打击，恋情危在旦夕，或者感到无助、受到伤害时，幻想就会作为处理困境的方式，像庄稼地里的杂草一样冒出来，而很多时候甚至很难注意到它们的存在。

这些幻想有许多作用。从表面上看，它们似乎给了我们些许慰藉，提供了一个解释和解决方法，使我们认为自己是在切实地解决问题，自己是最终的胜者。通常，在我们的幻想世界中，我们往往会大获全胜。我们找到了渴望已久的爱，重新获得自信，除掉了敌人；有时会把自己当作一个倒霉的受害者。幻想就像毒品一样，可以暂时抚慰我们的创伤，保持短暂的冷静，让我们误以为一切正常。另一方面，幻想也可能强化我们对自己的消极看法，扭曲真正的自己，掩盖业已取得的成就。

无论如何，这些幻想都十分危险。尽管它们起初会从某种程度上缓解压力，但从本质上讲，它们与恐惧乃一丘之貉。幻想让我们逃避现实，使我们的精力浪费在痴心妄想上，却未能真正面对或者解决迫在眉睫的问题，而问题本身以及背后隐藏的恐惧却往往有增无减。由于无人问津，它们便肆无忌惮地进一步发展、恶化。

停下来：

回想一下你有没有遇到过棘手的问题。当时你是怎么“考虑”的？你用什么样的梦想和幻想取代了问题本身？这些幻想真正带给你的是什么？你的生活是不是真的因此而发生了改变或者改善？你有没有意识到自己已经陷入了幻想世界？

这些问题可能令人震惊，因为我们极少意识到幻想的存在。它们往往不知不觉地侵入我们的大脑中，一遍遍地重现，直至跟我们熟稔得像老朋友一般。许多人精神高度紧张，往往将幻想误认为现实，并未停下脚步仔细看看外部世界的真实情况。这些人与桑德拉一样，终日生活在幻想中，以为一切正常，自己深受器重，却并未觉察到现实生活中的诸多迹象和信息。最终，当残酷的现实忽然间大张旗鼓地出现，当某个人突然被解雇，或者恋人要分手的时候，他们便会大惊失色，六神无主。因为这些人根本不知道会发生这种事，也从未打算真正听到或看到事情的发展。

停下来：

回想一下你陷入幻想世界的经历，看看你在这上面浪费了多少时间。将你主要的幻想以及背后的推动力写下来。现在，你已经意识到了幻想的存在，这是最重要的第一步，可以当即阻止幻想进一步发展。

闭目塞听

幻想可以转移我们对现实问题的注意力，从而使我们闭目塞听。眼前无论是什么，我们都熟视无睹，看到的只是自己脑海中的幻想；无论别人说什么，我们都置若罔闻，听到的只是其中的一部分，对其他内容肆意歪曲。我们的观念和幻想就像一个过滤器，通过的是我们想听的信息，而过滤掉的则是那些不喜欢或者与自身愿望相悖的内容。

卢对玛拉情有独钟。一天，卢亲耳听见对方说也喜欢自己，便欣喜若狂，激动地告诉周围的朋友，说他和玛拉就要订婚了。然而，他却没听到玛拉真正说的是什么，也没注意到她说话的语气。玛拉对卢说的是：如果有朝一日他能学会倾听，理解她的感受，她可能会喜欢他。这番话的重点在于：玛拉认为永远不会有这一天，而她对此感到难过。

当一段感情忽然结束的时候，许多人对曾经的恋人说的一句话就是——“我无数次告诉你我的感受，可你却从没听进去。是你自己把我拒之门外的。”

你拒之门外的是什么？_每一天，现实都会带来很多信息、迹象和机会，它也会带来惊喜的礼物，等待有人接受。你准备好接受了吗？抑或你正沉溺于幻想世界，想象着会发生什么，应该发生什么，或者这个世界会如何待你？_

有些人以为，只要我们生活在幻想中，将不喜欢的信息拒之门外，就可以高枕无忧了，至少不必面对幻想背后隐藏的恐惧。但是，我们必须要意识到这样一个事实：拒绝面对现实只会让你

更易受伤、更加迷茫、更加危险。这一点非常重要。不了解事态的发展，我们就无法采取必要的措施。由于问题得不到处理，潜伏的恐惧感便会日益加重。

若要消除恐惧，最重要的是提高辨别力，明白现实带给你的是什么，避免陷入幻想或者迷失在幻梦之中。只要你能真正看清现实，自然便会找到应对之法。

想一想：

你喜欢幻想什么？疲倦的时候、小憩的时候、喝咖啡的时候，你的脑海中浮现的是什么幻想？它能带给你快乐吗？或者它是对恐惧的幻想？了解自己经常出现的幻想，我们就能更清楚地认识到还有哪些问题没有处理解决，自己渴望或者害怕什么。一旦发现需要处理的问题并切实解决，对应的幻想便会消失。

把生活中隐藏的需要处理的问题写出来。只要意识到它们的存在，白纸黑字写在纸上，对它们的恐惧便会减弱。如果我们单纯地压制、掩饰自己的需求、欲望、恐惧和问题，恐惧并不会离开，而是变得越来越强大。

强迫性行为

受制于幻想和梦想的时候，强迫性思维便会应运而生。患有强迫症的人缺乏安全感，惶恐不安，甚至处于失控状态。他们会对某件事反复考虑，试图弄清楚此事的来龙去脉，以便从内心深处接受目前承受的痛苦，或者确保未来安全无虞。这些人不愿承认自己已经失控，反而借助某些重复的行为和做法来制造出一种稳定感、安全感和控制感。然而，他们却要为此付出沉重的代价。这些重复性行为不仅限制了他们的生活，而且占据了大量的时间和精力。很快，这些行为就会变成强迫性行为，夺走此人的自由。以这种方式生活的人，几乎没有自由、自愿或者快乐可言。此外，这种所谓的安全感并不能持久，基于人为的、不真实的安全感十分脆弱。一旦某个老做法没有进行，或者某个行为没有完成，危机感便会重新出现，人们就会感觉安全再次受到威胁，重新陷入失控状态。

强迫性的重复思维、行为和幻想并没有积极地帮我们收集事实，看清事实，却似乎在保护我们免受痛苦，它们似乎提供了一种获得平衡或者重获自我价值感的方法。不仅强迫症患者如此，泛言之，我们所有人都是这样。所有人都想通过各种幻想、老习惯、老做法和不愿放手这种自动的思维方式达到控制恐惧的目的。尽管这些幻想、观念、习惯和强迫性行为看似能够给人慰藉，但实际上背后指使它们的正是恐惧，同时它们也在为恐惧推波助澜。我们越沉溺其中，现实就越可怕，而我们也就越无力进入现实世界，无法采取有效措施。对于这种困境，我们有许多处理方法，有许多适用的良药。第一种方法是：

只管去做：采取行动

“望洋兴叹而不乘风破浪者，必不能穿越大洋。”

——泰戈尔

说来奇怪，其实治疗幻想和强迫性思维依赖症的良药非常简单，那就是：只管去做——采取行动。站起来，走出去，融入生活，只管去做些事情。无论你感觉如何，只管迈出第一步，才能有第二步。在这个过程中，恐惧会竭力阻止你，让你再等等，再考虑考虑，掩饰一会儿，做好准备，推迟片刻，确保所有条件都完全具备之后再行动。当然，事实是：条件永远不会完全具备，那一天永远不会到来。恐惧对你说你还没准备好，警告你要小心谨慎，否则会摔跟斗，当众出丑。

对恐惧说：摔跟斗，犯错误，当众出丑又怎样？没关系的。跟活死人的生活相比，这根本算不得什么。谁能为所有事都做好准备？如果我们非要等到时机成熟，将会永远囚禁于幻想之中，什么事都做不成。

采取行动，我们才能准备妥当。

找一件你拿不准要不要做的事，现在就开始付诸行动。停下手边的其他事，别再三思，只管去做。一旦开始行动，接下来的步骤便会简单许多，我们也会逐渐明白自己真正需要什么。

只要采取行动，我们便会从中发现、了解、挖掘自己巨大的潜力。我们了解了自己选择的结果，便可以进行新的选择。成功和失败有何不同？如果终日害怕失败，便会完全处于恐惧的魔爪之中。一位大师曾经这样说：

“生活就是不断犯错误的过程。”

——道元禅师

错误是朋友

还有一剂药也很有效。错误本身无可厚非，它们是我们的朋友。不跌倒就无法站起来，小孩子如果总是害怕摔倒就永远学不会走路。跌倒了再爬起来其实非常正常。同样，采取行动，从中学习，强健肌肉，继续前进也极其正常。如果总是害怕失败或者犯错，我们就永远无法进步。实际上，犯错也是件好事，说明我们已经冒险了，已经开始与恐惧抗争，从某种程度上已经战胜了恐惧。

你要明白：

只要你做了战胜恐惧的事，只要你反抗了这个恃强凌弱的家伙，只要你敢于冒险，直面恐惧，并采取行动，你就是胜者。行为的结果并不重要，重要的是我们已经削弱了恐惧对我们的控制。

如果跌倒了一百次，这就意味着我们胜利了一百次，直面恐惧一百次，经过了不屈不挠的努力，又勇敢地站了起来。在这个过程中，我们不仅变得越来越坚强，同时也削弱了恐惧的力量。我们已经重新发现了真实的自己——绝对比恐惧更加强大。

想一下：

你犯错跌倒的经历，仔细想一想。把它写下来，描述一下发生了什么，你从中学到了什么，你没有学到什么。同时也写下来你“认为”应该发生什么。难道这就是你认为此事失败的原因吗？因为结果不在你的预料之中？因为你觉得痛苦？是谁说这是个错误？如果结果是另一种情形，是不是就没关系呢？

一个错误之所以是错误，纯粹是我们自己的判断。但实际上，那只是发生了某件事，出现了某种结果而已。为什么称之为错误呢？难道就是因为我们无法控制生活的所有方面？谁又能做到呢？为什么要这样做呢？

有意思的是，每个人都害怕犯错，认为自己无论何时都必须完美。这些想法其实是恐惧之言，却深深地印在了我们的幻想中。对于这些愚蠢的谎言，我们应该置之不理。如果真的犯了什么错误，也不必害怕，要坦然接受。

犯错怎么了？

再想一想：

犯错怎么了？将你犯错的经历都写下来，谁在乎呢？发生了什么呢？那是世界末日吗？你从错误中汲取了什么教训？将你正确的时候也写下来，那时又发生了什么？你的生活有任何改善吗？

现在，请你写出五种可能犯错的方式，再写出五种可能正确的方式，你确定吗？是谁这样说的？你想一辈子都生活在害怕犯错的恐惧中吗？

害怕犯错、永远追求正确的做法会把自己和别人一起逼疯。如果我们认为某人犯了错误，往往会不自觉地将其拒之千里；或者，如果我们认为某人比自己更正确，就会觉得不平衡。无论我们自己还是别人犯的错误都只能证明一点：我们非常糟糕，一无是处。

以这种方式生活，我们就深深地陷入了海市蜃楼的怪圈。海市蜃楼不仅出现在沙漠里，同样也存在于我们的生活中。走在沙漠之中，我们会看到前面有一个虚幻的湖泊，看起来跟真的一样。但实际上，那泊湖水只是口渴造成的幻觉。我们以为它是真的，迫不及待地跑过去喝水；但是，跑得越近，湖泊就离得越远。湖水似乎只有咫尺之遥，于是我们在酷热的沙漠中愈加奋勇地奔跑，越来越渴，愈加渴望喝到湖水。然而，近在咫尺的这个海市蜃楼（任何海市蜃楼）永远都无法缓解我们的口渴。渴望完美、永远正确、永不犯错也仅仅是个海市蜃楼。不断追求完美的过程让我们几近疯狂，却从未让我们得到智慧，体味完满。

只有看清海市蜃楼的本来面目，明白它并不存在，只是我们的幻觉，才能打破那种可怕的恶性模式。追求完美、担心犯错的观念也是一样的道理。生活就是不断犯错误的过程。生活就是行动、反思、再行动的持续过程。重要的是，要敢于全身心地投入，去做自己力所能及的事；要尽量关注现实，去看，去听，去感觉，然后作出回应。首先，你要全力以赴地采取行动，剩下的就不单纯是你自己的问题了，因为你无法控制自己行为的后果。

不要担心行为的后果

当我们说“只管去做”的时候，意思是说，不要关注行为的后果，忘掉结果，关注行为本身。为了做而做，并不是为了得到回报。送给别人礼物的时候，不要暗自希望对方感谢你、回赠给你礼物或者恩惠。如果这样的话，就不是“只管去做”了，而是另有企图。怀着某种企图做事往往会造成一种失衡状态，因为我们的一半注意力都集中在回报上面。如果没有得到任何回报，有些人便会忿忿不平、怀恨在心。这时候，我们的礼物就丧失了其真正的价值，而变成了一种变相的操纵形式。

约会的时候，不要坐在那里心不在焉，脑海里想着自己有没有给对方留下好印象，说话是否得体，他觉得你漂不漂亮，或者他是否会再打电话给你。你应该做的就是去赴约，真的在那儿，跟另一个人在一起，把所有精力集中在这个人身上，认真倾听，适时回答。享受这段时光，多多了解这个人，但不要抱有任何期待。

期待会诱发对失望的恐惧。为了得到预期的结果，我们往往会调整自己的行为。这样，我们不知不觉就被分裂成了两半，其中一半无时无刻不在审视另一半的表现，判断我们是否得到了想要的结果。此时，我们就显得心不在焉、六神无主。实际上，在这种情况下，我们其实把别人当作了一件满足自己需求的物体。当然，我们也可能成为自己的物体，随意摆布。如此看来，我们变得垂头丧气还有什么值得大惊小怪的吗？我们甚至可能会连自己都害怕。

如果生活在期待的世界中，我们根本不可能时刻了解真正需要或正在发生的事。了解事情的发展，体味生活的酸甜苦辣，这是多么美妙、多么令人激动啊！然而，大多数人却并未如此，相反，我们任由幻想和内心渴望的摆布。

停下来：

专注于你周围的环境、身边的人以及真正发生的事情。别再关注你的内心世界，全神贯注于现实世界发生的一切。

如果你是独自一人，不妨认真聆听你听到的，观察你看到的，感受轻拂面庞的微风，注意身体的感觉和姿势。此时此刻，你在做什么？把所有注意力都集中在这件事上。如果你在切菜准备做饭，那就专注于切菜的每个动作；如果你在读报，就放下报纸，注意一下卖报人，街上来往的车辆和行人，以及正在进行的一切。

如果你跟别人在一起，就要真的在那儿，不要有任何期待。让每一刻都自然而然，不要填补短暂的沉默，不要预料对方要说什么，不要插话，让一切都顺其自然。如果某种感受油然而生，你只需感受它，不要追求或者逃避任何事。同时，展现真实的自己，不要希图从别人或者你花费的时间中求得任何回报。

现在看看你的焦虑发生了什么变化。

如果过分关注行为的结果，就会出现焦虑、恐惧和惶恐情绪。反之，如果只是将自己完全置于行为本身，享受它，全力去做，必然会在做的过程中获得满足感，而恐惧也将销声匿迹。此刻的你全心全意、心无旁骛，你的行为不是为了控制别人或者自己。这种全神贯注、全心全意的行为被称为内观的生活，或者随时恭候的生活，是治疗任何恐惧的灵丹妙药。

玩玩具

“我们小时候玩玩具，长大后想要真正的东西。”

——内山禅师

我们大半生时间都在玩各种玩具，甚至我们的孩子、朋友、爱人和家人都可以成为一种玩具，能带给我们快乐，使我们不至于无所事事，让我们分散注意力，帮助我们摆脱无聊，打发时间。当然，幻想和海市蜃楼同样也是玩具，而且是最精美方便的玩具。无论何时，只要打声招呼，幻想和海市蜃楼便会立即出现，带给我们暂时的快乐，分散注意力；而且似乎能使我们摆脱无聊、孤独和沮丧。

幻想也能让我们精力充沛，活力十足，因此我们很容易对其产生依赖感。有些幻想会让我们觉得生活有了目标，然而，如果这些只是幻想，这种感觉迟早都会消退。一旦兴奋感消失，我们可能会比原来更加消沉。在幻想世界中，我们根本无法找到真正的目标以及脚踏实地的生活方式。

那么，我们真正的目标和脚踏实地的生活方式在哪里呢？怎样才能找到呢？它与玩玩具有何不同？当我们的玩具坏了或者幻想不管用的时候，我们通常不是问上面提到的这些问题，而是去寻找另外的新玩具。好像没有玩具、没有幻想的生活简直无法想象。

停下来：

看看你的哪些玩具已经坏掉了。你仍然不愿丢弃吗？你想要新玩具吗？你能不能暂时停下这一切，不要玩具，一无所有？尽可能多地保持一无所有的状态，它其实是一个宝藏，各种新机会都将由此而生。真正的东西源于一无所有，而非其他。

在第二章中我们曾经谈到，放弃虚假的东西，真正的东西将会自然出现，在这里同样如此。只要你认识到了手里的玩具，断然将其丢掉，那么，能给你带来安全、快乐、活泼和真正目标的东西将会自然出现。

“鱼无水则亡。水是鱼的生命，空气是鸟的生命。”

——道元禅师

什么是你的生命？给你提供饮食和营养的是什么？如果找到

了答案，你将会在这个世界上如鱼得水，不会轻易受制于恐惧。

列出来你喜欢玩的玩具。哪些你最舍不得？现在，放弃其中一个玩具几天时间，看看感觉如何。取而代之的是什么？也许你不再长时间看电视，你怎么看待腾出来的这几个小时？这段时间用什么填补？你是怎么利用这段时间的？它对你有何影响？耐心一些，只管去做，让其他的结果自然出现。

在放弃玩具的过程中，不要对自己有任何期待，让接下来的事情自然显现。如此一来，你将会从中获得巨大的力量，焦虑也在不知不觉间逐渐消散。你并没有控制结果，你只是全神贯注，兴趣盎然、好奇地静观事态自然发展，耐心地等待接下来即将发生的事情。

允许它自然显现

“允许”是个奇妙的字眼，它与恐惧水火不容。当我们允许真实滋养的事情自然显现的时候，就不再插手生命，不再对其他的人或事或者我们自己指手画脚。我们不再强求什么结果，也不再干涉事物的自然发展规律。如果需要作出选择或者决定，我们不再手足无措，而是允许它自然显现。在这种生活状态下，我们将会获得无穷的慰藉和能量。通常，我们的大部分精力都用来歪曲自己和他人，推推搡搡，要求自己的需求得到满足，为了解决面对的问题而逼迫所有人；但是，这些所谓的问题绝大部分却并非真正的问题，它们只是玩玩具的另一种形式而已。问题刚一出现苗头，我们往往会迫不及待地把它揪出来，让它变成真的，然后便开始考虑、计划、制定战略、折磨自己，直至最终把自己困进一座没有围墙的监狱。

但是，如果我们允许答案自然显现，就能摆脱这个过程。我们默默听命于一个更大的智慧，一种解释生命秘密的新方法。我们允许水涨水落，相信冥冥之中有一种方向、一种生命力、一种向导时刻都知道什么才是对的。当我们不再挣扎、不再紧张、不再强求、不再谋划的时候，便会彻底放松，允许这种智慧成为我们的一部分。这种智慧源泉知道对我们来说什么是真实的，什么是好的，它无时无刻不在陪伴着我们。然而，我们却还没有允许它自然显现，而练习“允许”这一良药来消除恐惧的最佳时机就是现在。

你允许某种简单的事情发生，比如，允许朝阳在清晨升起，允许夕阳在傍晚落山。现在，允许某件稍难一点的事情发生，比如，允许你的伴侣畅所欲言，允许自己感觉疲惫，允许孩子一遍遍地要他想要的东西。不要责备他们，不要说“不”，只需允许。

这个练习的目的在于体验允许的感觉。大多数人往往与发生的一切作斗争，我们奋力回击，意欲控制，试图按照自己的要求塑造生活。现在，我们要彻底扭转这个过程，学习如何允许。同意自己允许。你允许的越多，就会变得越和善、冷静、快乐、安全，而身边的人也会受到你的感染。试试看。

允许的过程非常重要，因为我们允许得越多，自己的直觉就会显现得越多。只要我们了解掌握了自己的直觉，就可以获得真实可靠的东西，同时也将切断恐惧产生的根源。

欢迎直觉：与内心的声音对话

若要了解自己的直觉，必须首先知道并倾听内心的声音。每个人的性格都具有多面性，而内在的声音便反映了我们性格的不同方面，它们表达了各种各样的幻想、梦想、需求、信念和期待。这些声音发出的信息往往互相矛盾，常常削弱我们的判断力，破坏我们的努力。

我们可能选择了一条道路，但是走到半路，内心的一个声音却让我们掉头往回走。我们刚启动一项新工程，忽然间另一个声音却让我们怀疑、担心。我们爱上了某个人，感到非常幸福，此时却有一个声音对此人横加指责。究竟哪个声音是真的？事实是什么？我们应该相信哪个声音？

然而，我们却从未想过这些问题，因为绝大部分时候，我们并不知道自己的内心存在各种不同的声音，不知道自己得到的是相互矛盾的指令。我们只是按照一时的冲动，像没头苍蝇一样四处乱撞。实际上，这些冲动并非随意，而是对内心各种声音的直接回应。

尽管内心的许多声音可能会引发恐惧，但我们必须学会如何倾听它们，这一点至关重要。由于这些声音可能会产生威胁，所以我们往往选择充耳不闻，但这并不意味着自己潜意识中没有听到它们的话。在我们的潜意识中，这些声音仍在跟我们说话，会对我们的行为和感受产生某种影响。将这些声音拒之门外并非良策，这样做只能让我们听从自己并没有意识到的某种指令，使我们头脑不清，失去选择力。反之，如果我们能认真倾听并判断出内心的声音，就可以重新联系现实，驾驭内在那些分散的力量。

当我们学会允许内在的声音畅所欲言的时候，当我们认真倾听它们的时候，不仅诸多的困扰和恐惧会自然消除；同时还会惊喜地发现，竟然有许多宝贵的信息在等着我们。仅仅是意识到这些不同声音的存在就已经是一种巨大的解脱。如果我们内心的一部分终日生活在沉寂中，无人倾听，不被接受，不为所知，就会产生混乱。反之，如果这一部分或者这个声音可以畅所欲言，如果我们真心接受它、倾听它、感激它，其中的大量能量便会得以释放，许多愧疚和困扰也将不复存在。

首先，不要说话，闭上眼睛，专注内心。你可以全神贯注于自己的呼吸，或者只是一动不动。体验你正在感受的某种情绪，或者思考某个困扰你的问题，全身心地感受这种情绪或问题，体味内心和脑海中的感觉。只需感受，无需付诸语言，不用解释。你需要做的只是专注于发生的事情，观察、聆听、允许。

现在，扪心自问：是谁在体验这些感受？

令人吃惊的是，你会听到一个答复，但是每个人得到的答复方式却不尽相同。对有些人来说，他们真的听到了某个声音，有人想对他们说话；有些人可能会看到一个图像，而有些人则仅仅只有某种模模糊糊的感觉。你需要做的只是提高意识，接受以任何方式出现的答复。你越宽容，发现的就会越多。如果没有得到答复，也没关系，坦然接受好了。

现在，再问一下自己：那种感觉想对你说什么？你需要知道什么？

仅仅是问问题本身就能产生各种回应。有些人开始痛哭，有些人却大笑。被人关心照顾的感觉奇妙无比，毕竟，还有人在那儿倾听你的内心世界。

不要对这些回应品头论足。无论得到什么答复，你只需说声“谢谢”。一旦你对听到的内容进行评论或者索性拒绝，那个声音就会戛然而止，不再开口。你应该允许它畅所欲言，让它知道你感谢它与你分享的一切。

有时候你会发现自己遇到了一个难题。虽然听到或者发现了什么，却不知道接下来应该怎么做。事实上，你根本无需知道，只要认真倾听。然后，你可以问问自己：还有没有另一部分，另一个声音，或者另外一种理解有话要说？

十有八九，还会有另外的一部分（或者几部分）以不同的方式应声而答。你的内心对这件事还有其他看法，对这种情况还有不同的回应。有时候你甚至会忽然发现某种智慧或支持。

允许内心的不同部分参与对话，允许他们相继登台。

问问各个部分需要什么，想要什么，它们怎样在这件事上实现和谐？有时候会出现僵局或者矛盾。这时候，你应该再问问自己的内心：是不是还有一部分，一个更加睿智、资历更老或者更有经验的部分知道如何处理，或者有什么可以补充？

此时此时，你的直觉便会应声而出，想方设法来填补缺口，创造和谐，提供解决方法，而且往往会带来平和的心境。

增强直觉

每个人内心深处都有那么一部分，能解决所有问题。如果我们邀请这个部分参与其中，当其他部分畅所欲言，表达过自己的感受、需求、恐惧和欲望之后，这个资历更老、更加睿智的部分便会将讨论提升到一个更高的层次，找出一种可行的方法来满足所有部分的需求。这个资历更老、更加睿智的部分是个天生的协调者，它了解所有部分最真切的需要，知道如何以最佳方式满足它们的需求，知道如何联合矛盾各方，将原本可能在争斗、沉默和恐惧中耗费的能量收为己有。

我们可以将这个睿智的部分称为直觉、永恒的智慧、内心的

主人。问问它，看它想让你怎么称呼它。允许它掌控一切。直觉是通向远离恐惧生活的直接途径，它以我们真实的自己为基础，清楚地知道自己在做什么，知道我们要向哪个方向走。

与自己内心对话这种练习方式效果非常明显。不过，真正进行起来可能有点困难，刚开始不要抱太大期望，只需循序渐进，接受出现的一切，一定要记得表示感谢。起初这可能显得有点古怪，但很快就会变得十分自然。对自己本身来说，我们就是别人。当我们向其提供自己的时间、耳朵和心灵，当我们停下来聆听内心，关注内心世界的时候，内心深处原本感到失落、孤独、受人冷落的部分就会逐渐意识到有人在关心自己。多年之后，终于有人在那里倾听自己的倾诉了，而这个人不是别人，就是你自己。

如果某一部分向你要什么东西，而你也答应给它，就一定要做到。你要经常这样做，让它们知道你什么时候会去，确保它可以依靠你。在你重复这个过程的时候，其实是在建立信任。你在学着信任自己，把一直希望从他人那里得到的东西送给自己，而内在的自我无法判断其中的区别。如果你像别人那样给它时间和关心的话，它就会感觉到自己被人爱、被人承认、被人关心和尊重。在这种情况下，你就完全控制了它们，帮助你战胜孤独感和失落感。这样一来，你内在的自我便不必虚构那些幻想、梦境和海市蜃楼了，它们可以实实在在地得到自己需要的东西。

如果有人真的可以倚靠，我们就可以活出真正的自己，而不必抓住一根救命稻草不放。请你务必明白这一点：你永远都可以选择在那里陪着自己，可以选择停下脚步、认真倾听。当你这样做的时候，原本觉得不被需要、不被倾听、不被关心的内在的自我就会逐渐强大。在你踏上无畏生活的旅途中，所有这些都在你的掌控之中。

结尾：练习

聆听内心的声音

1. 与内在的声音对话

每天花些时间与内心的声音对话，跟它们见见面，欢迎它们，了解它们，最重要的是，允许它们畅所欲言。

2. 练习允许

无论今天发生了什么，坦然接受。如果不接受，你可能是在将现实拒之门外。你越允许真实的生活展现，就会越清楚地意识到真正呈现给你的是什么。只要允许事情发生，你就会做出自然、健康、富有建设性的回应。

3. 辨别真假

每天都要练习认识现实。别再沉溺于梦想，把注意力放在真实发生的事情上面，如果可能的话可以付诸笔端。将一页纸分成两栏，一侧写上发生的事情，另一侧对应写上希望发生的事。让自己多考虑现实发生的事情，每天花的时间逐渐增加。这样做得越多，你就越有能力生活在现实中，把无用的幻想束之高阁。你甚至会惊喜地发现自己竟然喜欢现实发生的事情，同时也将了解现实的强大力量，明白它是在帮你成长；最重要的是，你会发现：现实其实一点都不可怕。

4. 犯错的时候不妨坦然接受

犯错的时候，你要立即承认，并且允许自己犯错。你应该明白，犯错本身并无不妥。你可以写出在某种情况下易犯的五种错误，然后从中选择一种，去有意识地犯错，看看会发生什么。当你对错误的恐惧消除之后，将会更清楚地看清现实、接受现实。

5. 享受每个错误

如果你在某件事上犯了错误，要勇于面对，还要为自己已经大胆采取行动而感到欣慰，因为现在你可以成长了。想想自己能从错误中学到什么，其实错误并未产生什么可怕的后果。如果要进行改正，应该尽快，不要感到愧疚，这毫无必要。只需认识到你也是凡人，然后继续前进。

至理名言

没有错误，只有发生的事

人们逃避现实，沉溺于幻想世界的原因纷繁复杂，包括害怕做错、羞愧等等。但是，说某件事做错了只是人们自己给它贴上的标签。现实生活中并不存在任何错误，只有我们做的事情，以及相应的后果。如果我们从某个角度看待发生的事情，可能会认为它是成功的；但是，如果从另一个角度审视，可能会觉得自己失败了，进而剥夺了自己的能力。

为了成长、学习、探索、快乐，我们必须采取行动。与其停滞不前或者遁入幻想和海市蜃楼中，还不如跌倒了再爬起来。记住，每一次跌倒爬起，每一次冒险，你都是胜利者，因为你已经削弱了恐惧对你的控制。

第四章

寻找安全的港湾

“痛苦与摆脱痛苦的阵痛是一回事。”

小时候，芭芭拉的跳得非常好。她按时去上舞蹈课，尽情享受着舞蹈的乐趣。她也非常喜欢跟人分享她的舞姿和快乐。快十四岁的时候，芭芭拉举办了一场独舞表演。结束之后，芭芭拉非常喜欢的一个阿姨对她说，她在舞台上看起来有点笨拙，舞姿没有以前那么轻盈了；还说由于芭芭拉正在发育，身体的许多地方都变胖了。总之，她整个下午都感到非常失望。

听着阿姨的指责，芭芭拉觉得浑身都动不了，甚至无法呼吸。她感到万分震惊，同时也觉得羞愧，呆呆地站在那里，眼睛直愣愣地盯着对方。当别人纷纷向她成功的演出表示祝贺的时候，芭芭拉觉得一切宛如梦境，甚至听不见他们在说什么。她挚爱的、引以为豪的东西被人无情地夺走了。这位阿姨无心的几句话顷刻间给芭芭拉造成了无法挽回的伤害。

不久之后，芭芭拉就放弃了舞蹈，没人知道具体的原因，那个阿姨更是莫名其妙。由于经历过的伤害，芭芭拉发誓永远不会让这种事再发生在自己身上。她不仅不再跳舞，而且绝对不允许自己受到伤害，也不在别人面前表现自己。她用对痛苦和伤害的恐惧代替了快乐的舞蹈和开朗的生活。

当然，芭芭拉的这个决定并非完全是有意识的行为，却对她影响极深。她并不知道，在自己今后的生活中，这个决定的后果将会以多种方式出现。芭芭拉不仅放弃了舞蹈，同时也封闭了自己，将他人拒之千里，拒绝亲密的关系，拒绝爱。

生活旅途中的危险和伤害

在许多人看来，生活就是一次危险的旅途，没人能毫发无伤地走完全程。所有人最终都会伤痕累累，在行进的过程中受到许多伤害，留下道道伤疤。对某些人来说，这次旅途的唯一目的就是要尽量避免伤痛，想方设法远离伤害。但是，这些人却没有意识到，这个决定后果严重，因为他们必须放弃许多机会，时刻保持警惕，永远提防别人。在这种生活状态下，他们永远无法体会尘世生活的美好，无法经历冒险、美丽、创意、友谊和弥足珍贵的爱。要想全面体验生活，他们必须敞开心扉，不仅要容忍，而且要知道如何有效地承担某些伤害和痛苦。

人们受到伤害的方式多种多样，但我们对它们的控制却有难有易。有些伤害非人力所为，似乎有一种超然的力量在影响着我们：经济状况骤然恶化，夺去我们所有的投资或积蓄；我们可能遭受水灾、火灾、战争、疾病或地震。这些伤害似乎是我们无法控制的力量产生的后果。

为了控制并免受这些非人为的伤害，许多人往往对未来的危险进行预测、做好准备、全力防备。此类伤害已经成了这些人生命的一部分，他们非常清楚它们的存在，甚至期待伤害的出现。他们眼观六路，耳听八方，随时做好准备：购买保险、寻找安全的住所、雇佣财务顾问、进行保守投资、进行预防性治疗、增强体质等等。而有些人则求助于宗教，祈求神灵保佑，希望成为光明磊落的人。对于非人为的危险，绝大多数人并不特别担心，他们认为自己已经为任何可能的困难做好了充分的准备。因此，即便灾难发生了，他们也能坦然接受，继续生活。

花些时间想想你准备如何应对生活中的危险和困难，写在纸上。在这个过程中，你将会发现自己最在乎的是什么。

人们经历的痛苦和伤害也可能与个人关系更密切。我们可能突然丢掉工作，身患疾病，或者遭人伤害。坏人可能会翻墙入室，盗走我们的财产，或者伤害我们。此类伤害造成的恐惧通常较为强烈，而且较难消除。

我们平和的心境也可能被偷走，尽管发生的时候不那么明显，我们也没有意识到它的严重后果。我们每天进行的许多谈话就会夺走平和的心境，谈话恐怖主义分子潜伏在角落里，伺机让我们承受流言蜚语和恐惧的伤害。如果我们看不清它们的本来面目，就不会意识到自己已经受到了伤害，对它毫无反抗能力，也不知道如何让它消失。随后，我们就会出现焦虑和恐惧情绪，直至最终以许多不妥当的方式处理这个问题。

此外，我们迟早都要经历至爱亲人的离世或者一段恋情的结束。恋爱本身就难以控制，双方的矛盾纷争不断，对对方感到失望。我们信任的某个人可能会说些残忍的话。我们会成为别人开玩笑、批评、侮辱和撒谎的目标。我们可能会觉得自己辜负了别人的期望，或者别人辜负的我们的期望。热恋的时候，两人中间会忽然闯进一个心怀嫉妒的人，试图将我们的幸福夺走，毁掉我们珍视的东西。

在某些情况下，这种个人的、感情方面的痛苦往往比身体上的伤痛更加刻骨、更难以承受。

你处理这类痛苦的方法是什么？*有用吗？你是不是为此付出了更大的代价？*

许多人并不知道如何处理或者如何结束这种痛苦的情绪，往往会诉诸于酒精和毒品，或者用其他各种手段转移注意力。从长远来看，这些抵制痛苦的方法会导致更多的恐惧和痛苦。那么，我们的问题就是：究竟如何减轻痛苦？如何辨别敌友？如何开始一段感情而不以伤害收尾？风暴中哪里才是安全的港湾，能够避免恐惧和痛苦的伤害？

了解并处理痛苦

要想真正摆脱恐惧，获得内心的宁静，首先必须推翻一个错误的观念，那就是，痛苦和不适令人难受，必须不惜任何代价竭力避免。通常，一开始感觉到痛苦，我们便会立即试图阻止它。我们担心伤害会使自己渺小、无助，便想方设法要改变、安抚或者压制承受的痛苦。但是，假如我们认真想一下便会发现：真正持久的慰藉以另一种方式出现。

寒冷的冬季，一群学生在一间没有暖气的教室学习。忽然，通向后花园的门轰然洞开，刺骨的寒风顿时呼啸而入。

一个学生跑到老师面前，生气地抱怨道：“我们都快冻僵了！”

“是吗？”老师不紧不慢地说，“冻僵？如果快冻僵了，那就完全冻僵好了。”

不要防备痛苦，也不要与它背道而驰，应该停下来允许自己体味当时的感觉，完全彻底地体味。不仅要体味它，还要欢迎它，允许它跟你说话。如果仔细倾听，你就会发现这种不适其实是在传达某种信息，它手里捧着一份礼物要送给你。

向痛苦询问下面这些一针见血的问题：“你为什么在这儿？你想从我这里得到什么？我应该从你那里学到什么？”

佛说，人生在世就是受苦受难。这句话往往被人误解，以为它是一种悲观的人生态度，实则不然。这句话并不是要我们害怕生活，排斥或者拒绝人生。相反，它的意思是说，通过学习如何恰当地应对痛苦，我们就可能彻底了结这些痛苦。佛还说自己是个医生，来到世间就是为了治愈尘世的病痛。芸芸众生之所以经历痛苦，是因为我们被毒箭射中了，而他正是来拔出这支毒箭的人。那么，毒箭指的是什么呢？我们如何才能把它拔出来，不再承受痛苦的折磨呢？

芭芭拉如果年纪稍大些、更成熟些，对那个阿姨的话就可能会有不同的反应。她或许可以看出那位阿姨其实是在嫉妒她，因为她对自己的生活不满意，所以对芭芭拉说的那番话主要源于自己的痛苦；芭芭拉或许不会那么在意阿姨的话，也不会认为自己有什么致命的缺点；芭芭拉或许也可能会意识到，一个人说的话兑现的更多的是说话者本人，而非说话的对象；或许芭芭拉还会对这位说话刻薄的阿姨生出同情之心。然而，芭芭拉却选择以绝望的方式回应对方的批评，伤害她的其实不是那个阿姨的话，而是芭芭拉自己的回击。她与我们大多数人一样，并不知道自己根本不必盲目地回击，相反，她可以有针对性地回应；至于如何回应，则是她自己的决定。芭芭拉可以作出选择，可以选择以健康有益的方式，以保护自己免受伤害的方式作出回应。

记住：

伤害我们的不一定是生活中发生的事情，而是我们对其回应的方式。要想找到安全的港湾，要想获得持久的平和心境，我们只需改变自己的回应方式。

为我们的回应方式负责

“负责”一词意味着回应的能力。许多人并不具备这种能力，我们只会反抗。当我们反抗的时候，完全受制于事件本身，毫无控制能力。此时的我们恰似一只木偶，只会随风摇摆。有人说难听话，我们便会怀恨在心；有人说了好话，我们就会任其摆布。反抗是不由自主的、冲动的，极少能带给我们智慧或益处。但回应却不一样。

回忆一下*你自发的、不由自主的反抗。你积极或消极反抗而无法控制的通常是什么？还有其他什么吗？继续想，因为了解自己在何种情况下受到牵制这一点非常重要。我们冲动的时候，就容易被人要弄、受到伤害。*

在寻找安全、避免伤害的过程中，许多人往往花大量的时间和精力试图控制或改变他人和环境，这纯粹是浪费时间。大多数时候，我们根本无法改变或者控制发生的事情（特别是当时当

地），但我们却能为自己的回应方式负责，学会如何回应。这一点极为重要，再强调一次（这一点怎么强调也不为过），使我们产生不安全感，带来恐惧和痛苦的不是他人，也不是环境，而是我们自己的反抗。

消极的反抗正是刺中我们、深深嵌入我们体内的那支毒箭，是让我们浑身溃烂的毒药、使我们陷入恐惧的魔爪。只要我们认清自己的消极反抗，适时消解，就不会再徒劳地要去改变环境或者他人了。我们可以去自己想去的地方，见自己想见的人。无论发生什么，回应的选择权都牢牢掌握在我们自己手中。

停下来：

想出三次你感觉特别伤心或沮丧的时候。你是如何处理的？你把这种情绪发泄出来了吗？你有没有采取措施？你是不是大喊大叫，指责别人，情绪低落？以上这些回应方式对我们有害无益，使我们缺乏安全感。你的身体发生了什么变化？回想一下，把它们都写下来。

我们先看一些通常让人沮丧的情况和情景，看看人们常见的反抗方式，同时探讨一下看待该事的其他方式。当然，不同的看法会产生不同的回应方式。在这个过程中，我们将会明白：使我们伤心沮丧的不是事情本身，而是我们对待它的方式。

想要什么东西却得不到的时候

首先，也许我们想要什么东西却得不到。如果不能得到渴望的东西，不要觉得自己缺少了什么或者受到了什么惩罚，我们可以放开眼界，换个角度考虑：这个东西也许不会带给我们任何益处，或许没有得到它反而会让我们收获更多。你可以多想想，尽管这个愿望没有满足，却让我们更加成熟。同样也可以多想想自己已经拥有的东西，对此充满感激，怀着一颗充盈的心珍惜现在的所有。

拥有什么东西却害怕失去的时候

或者，我们可能已经拥有了渴望的东西，却害怕失去它。当我们失去的时候，当事情需要改变的时候，我们往往会遭受失去的痛苦。对于失去，大部分人的反应是伤心、害怕、怨恨、愤怒；有些人甚至由于害怕失去而不允许自己拥有。

除此以外，我们还有其他回应方式吗？当然有。我们可以关注已经拥有的东西，从中有所收获。此外，我们不应该把拥有的东西当作自己的财产，而视其为一件珍贵的礼物，感谢它的到来和陪伴；失去的时候权当把这件礼物又赠送给了别人，而不是只想着它被人夺走了。

听到别人指责自己的时候

听到别人指责的时候，我们的反应往往是贬低自己，或者怒不可遏。我们要么立即为自己辩解，批评对方；要么认同别人的评价，谴责自己。

不过，我们还有其他选择。我们也许可以看出这个指责你的人其实非常刻薄，他（她）之所以抨击你完全是源于自己的痛苦和恐惧。通常，我们指责别人的缺点恰恰是我们自己身上无法接受的缺点。或者，我们甚至可能会对指责你的人表示同情，不必把那些伤人的话放在心上。我们应该相信真实的自己，不要凭借别人的赞誉来判断自己的价值。我们可以在自己心里面否认别人的评价，拒绝接受。

对自己想要的东西贪得无厌的时候

无论得到什么，有些人总想得寸进尺，贪得无厌。人类的渴望永无止境。在得到的过程中，我们总是觉得不够，不能完全接受、消化、享受业已得到的东西。这种痛苦，这种难以填满的欲望的沟壑被称为贪婪的痛苦或折磨，它让我们永远无法满足。越贪婪，我们就会越害怕，害怕自己无论如何努力，都永远无法填满欲望，无法感到满足。

然而，我们尽可以先品尝、消化已经得到的东西，学会吸收其中的养分，丢弃废渣。我们可以学习感谢，哪怕只是滴水之恩也要表示感激。我们甚至可以再进一步，一有贪得无厌的苗头便提醒自己：这种饥渴源于其他东西，永远无法通过攫取得到满足。藏传佛教修心法里有一句教诲讲的就是这个道理：无论得到什么，我们只需说一句话：“这就够了。”

希望情况有所不同的时候

或者，我们可能希望情况会有所不同。生病的时候渴望健康；我们拒绝接受眼前的现实，无法接受、享受生活的每时每刻；我们觉得必须改变生活、控制生活。事实上，每个人心中都在默默期待生活中的每件事都应该为我而存在；也就是说，一切都应该围绕着我的个人需求，世界之所以存在只是为了适应我，这可以叫作傲慢和幻想的痛苦。

然而，我们应该学会明白：别人跟我们同样重要，他们也有权让自己生活得更好。我们同样也要知道，凡事都在不断变化，不必非得与困难拼个你死我活，不要怨恨它、拒绝它、抵制它；相反，我们应该学着把它当作一位老师。只有坦然接受生活的全部，我们才能以积极的方式进行回应，才能最终获得平和的心境。

无缘无故感到痛苦的时候

最糟糕的痛苦是毫无缘由的痛苦：我们不知道自己为什么痛苦，不明白这种痛苦究竟预示着什么。人类需要意义，我们需要明白自己生活中发生的事情。这种痛苦可以称为无意义的痛苦。面对这种绝望的痛苦，有些人会变成虚无主义者，觉得生活中的一切都无关紧要，而有些人则失去了对生活的兴趣，终日蜷缩在自己的巢穴中。

对于这种痛苦，还有其他的回应方式：我们应该明白，毫无缘由的痛苦是为了让我们静下心来，认真思考自己生活的真正意义，它是在强迫我们加深理解。

一切痛苦和烦恼之所以出现，就是要吸引我们的注意。我们可能给自己的压力太大了，可能偏离了正确的方向，可能浑浑噩噩地生活了太久。停下脚步，静下心来，想想痛苦要告诉你什么，睁开眼睛看看发生的一切。没有人教我们：要停下脚步，要全神贯注，要尊重自己的感受，要给这些感受一些时间和空间。我们得到的教育是：痛苦是恶棍，会伤害我们，因此我们应该害怕痛苦。但事实却并非如此，制造恐惧的并不是痛苦，而是我们承受痛苦、处理痛苦的方式。只要我们找到应对痛苦的新方法，它就不会对我们造成持久的伤害。

现在，请你**停下脚步**，关注自己的任何感受。你的肩膀疼吗？坦然接受这个事实，逐渐熟悉它。你是不是正在经历感情方面的痛苦？温柔地陪着它，让它向你倾诉。

当良药变成毒药

大多数时候，人们无法辨别良药与毒药的区别。我们可能喜欢某种食物、某些人或者某些事，但他们却对我们有害无益。可是，我们仍旧坚持服用这种毒药，也许是因为我们已经对它产生了依赖性，也许是因为我们希冀它有朝一日能变成良药。

纳斯鲁丁先生坐在那儿不停地吃辣胡椒粉，辣得眼泪直流。

一位朋友走过去问他，为什么不停下来，为什么还要继续吃？

纳斯鲁丁先生对朋友的这个问题感到十分诧异，他说："我在等着尝到甜胡椒粉呢。"现实生活中，许多人跟纳斯鲁丁先生一样，反复地品味同一桩痛苦的经历，巴望着有一天这件事会变得甜蜜无比。

要想摆脱这种困境，有时候其实非常容易，只要停止吃辣胡椒粉，明白它是毒药，这就够了。但有时却并非如此简单。味道香甜的东西对我们来说可能是毒药，而味道苦涩的却可能是良药。或许我们与某人保持美妙和谐的关系，却并未注意到，这种关系正在使我们变得脆弱，甚至会毁掉我们的生活。另一方面，尽管某个人、某件工作或者某种情况起初有些麻烦棘手，但它却可以在很多方面使我们受益匪浅。我们或许遇到了一个难缠的人，却不知道与之较量的过程其实是一种自我磨炼，使我们逐渐成熟，或者培养了我们的耐心和宽容。实际上，我们生活中面临的所有情况都是如此，我们认为危险或痛苦的经历也许是因祸得福。

大多数时候，我们总是按照自己的好恶，按照是苦是甜来判断某件事是否对我们有益，但这其实是一种狭隘的看法。有一句妙语道破了天机：

“整个世界都是良药。疾病是什么？”

这句话促使我们更深刻地思考这样一些问题：真正对我们生活有益的是什么？究竟是什么导致了痛苦和伤害？这句话并没有直接告诉我们疾病是什么，只是让我们自己去玩味、思考。

如果只去追求香甜容易的东西，如果总是逃避痛苦伤害，我们实际上是在增强疾病的力量，扩大恐惧。相反，如果我们愿意体验生活中的各种经历，愿意品尝酸甜苦辣各种滋味，实际上就是服用了一种最终能治愈痛苦的良药。只要我们愿意坦然接受痛苦，恐惧还能怎么控制我们呢？只要我们愿意品尝生活中的任何滋味，恐惧就无法再将我们囚禁在狭小的、与世隔绝的牢笼之中。

> “只要我们接受疾病，不用请医生便能不治自愈。”
>
> ——亨利·米勒

痛苦不是折磨

痛苦不是苦难，它就是痛苦。我们割破了手指会觉得疼；生病的时候浑身都疼；挚友去世，我们更是伤心哀婉。所有这些都是无法避免的自然的人生经历，无需害怕，只需坦然接受。我们应该明白，痛苦只是痛苦，并不意味着我们会永远痛苦下去，它也不是对我们的惩罚，天更不会塌了。痛苦只是我们正在经历的短暂的人生体验，只要我们允许它存在，不去抵制它，它终归会主动悄然离开，为我们接下来的经历让路。**人的各种经历来来去去，宛如天上的流云；我们不抵制它们、不依恋它们的时候，它们自然会随风逝去。**

但事实上，许多人却往往把痛苦转化成更难承受的苦难，蒙受加倍的危险和伤害。其具体方式便是沉溺于痛苦之中，加重它的严重性，随意指责别人，利用自己的痛苦获得他人的同情和关注，认为只有自己受到了不公正的待遇，或者索性成为受害者或殉道者。如果专注于此类行为，苦难便成为了我们的一种生活方式，甚至可能会沉溺其中，难以自拔。

你是如何将痛苦转化成苦难的？目前你生活中最大的苦难是什么造成的？苦难有何益处？如果这些苦难消失你会怎样？

有些人对苦难情有独钟，他们的苦难可能具有某些益处。受虐狂和殉道者就非常喜欢自己的痛苦、渴望痛苦。苦难代表着他们本身，是他们与世界交流的一种方式，同时也是其表达愤怒、寻求报复的借口。这些人喜欢博得别人的同情，喜欢别人对他们愧疚。从根本上说，这其实是控制别人的一种方法。这些人似乎在说：看我受了那么多的苦，你必须按我的意愿行事；你怎能忍心增加我的痛苦呢？

有些人觉得，既然自己在受苦，就可以为所欲为，随心所欲地做些令人不齿的事，有权从别人那儿要求任何东西。有些人渴望受苦则是因为他们感到内疚，希望通过自我惩罚来减轻自己的罪责。这些人往往吸引、追求、依赖苦难。

痛苦如果变成一种苦难，就极可能成为一种致命的力量。生活在苦难中的人生建立在恐惧的基础上，这些人害怕幸福、害怕成功、害怕被爱；他们害怕问题得到解决，害怕矛盾平息。或许这些人具有良好的人际关系，却会下意识地将其破坏殆尽；他们不允许自己体会完满，因为完满就意味着放弃苦难。如果那样的话，他们会变成什么呢？他们如何与世界交流呢？

约翰与女性交往的时间总是持续大约半年左右，这已经成了一个规律。刚开始交往的阶段非常轻松浪漫，双方都感觉不错。后来，随着感情的逐步加深，女方往往希望有更多时间跟他相处，增进感情。一碰到这种情况，约翰便会条件反射般地退缩，以各式各样的理由挑对方的刺，拒绝对方。于是，他很快便又成了单身汉。一段感情结束后，约翰往往吃惊地发现，其实自己失恋也非常痛苦，但他总是把所有责任都推在女方身上。无论如何，他毕竟错过了一桩姻缘，更可悲的是，他根本不曾意识到造成所有这一切的根本原因。

终于有一天，约翰似乎有所顿悟，他说："我就是无法让自己幸福。幸福似乎哪里不对劲，不是我所期待的爱情。我需要有东西可以抱怨，需要有人跟我斗。"

如果事情一帆风顺，约翰便会失去自我，因此，他便紧紧抓住那个沉溺于苦难和恐惧之中的自己。他已经对苦难产生了割舍不掉的依赖感，不允许自己体验幸福和安全。

停下来：

扪心自问，假如没有苦难，你会怎样？你跟朋友还能谈什么？你如何让别人关心你？你的生活中还有哪些方面值得兴奋的经历？你觉得自己要克服什么样的挑战？

渴望刺激和挑战

许多人一方面想要安全感，另一方面却渴望刺激、挑战和危险。如果没有需要克服的困难，没有需要战胜的敌人，没有需要诱惑的某个人，没有工作中的阻碍，没有运动中的竞争，生活就变得毫无意义。实际上，挑战就是我们检验勇气、促进成长的一种方式。我们接受学校、工作、赛场或战场上的困难任务，并确定一个最后截止期限；我们攀登高峰、潜入深海、爱上某个无法得到的人；我们致力于影响别的国家，说服他人皈依我们的信仰；尽管我们寻求刺激和挑战的方式多种多样，但它们都有一个共同的特点——能让我们感到生活的意义和目标。这些挑战目的各异，产生的结果不尽相同。有时候，我们的挑战不但危险，而且还具有破坏性，但有时却是我们拓展能力、表现勇气和风格的绝佳机会。事实上，我们越无所畏惧，生活中就会出现越多的挑战，我们就会获得越多的人生，变得日益强大。

生活本身为我们提供了许多考验、挑战和刺激的经历。有些挑战可能富有建设性：尽管需要付出很多，但科学家仍在实验室里挑战自己，试图攻克一种可怕的疾病；运动健将努力创造世界纪录；年轻的母亲竭尽全力要好好抚养孩子。在某些紧急情况下，我们也往往会不假思索地采取某种行动，而且会表现得比自己预料得高尚许多。我们可能会跳进海里拯救某个溺水之人，或者冲进着火的房子里救人，也可能会遇到一个无依无靠的孤儿，将其收养。

重要的是，我们要正确区分健康的、有益的、具有建设性的挑战与那些源于对危险、苦难和伤害的迷恋的挑战。有些挑战会造成依赖、痛苦和失败，最终毁掉我们；而有些挑战却能帮助我们健康茁壮地成长。

建设性挑战与破坏性挑战

看看你生活中的主要挑战。哪些是你自己选择的？哪些是不请自来的？哪些挑战你宁愿没有？哪些挑战富有刺激性，令人愉悦？哪些挑战可以增强你对自己的认识？哪些挑战将你打倒？区分这些挑战非常重要。有时候，我们会像约翰那样，出于渴望受难、自我封闭和引发恐惧的心理而制造出一些不断重复的挑战；但有些挑战的基础则是我们致力于克服恐惧，变得强大、勇敢，渴望享受生活的全部。我们应该辨明生活中这两类截然不同的挑战，你可以在一张白纸的中间画条竖线，然后在竖线的两边分别列出这两类不同的挑战。

积极健康的挑战是摆脱恐惧道路上的一部分。尽管在途中会遇到一些困难，尽管会经历痛苦或失败，但是，只要我们努力前进，最终必然会战胜恐惧，获得自身的发展。

那些反复的、强迫性的挑战往往具有破坏性，这些挑战只会削弱我们的力量，让我们承受苦难，增强恐惧的控制力。它们并不是真正的挑战。这些挑战可能会制造一种虚幻的兴奋或刺激的感觉，但通常在这种挑战中，要么我们根本无法获得最后的胜利，要么我们把自己的胜利建立在他人的痛苦之上。这样的事例数不胜数，例如，拿着家人的血汗钱去赌博；横刀夺爱；与反复无常的人交往；夺走别人的工作；患病时拒绝求医。这些挑战并不能增强你的力量，也不能让你获得幸福，它们纯粹是出于对危险的热爱、对苦难的迷恋、对伤害的渴望。因此，我们必须看清这些挑战的真面目，认清这种虚幻的兴奋感，勇于舍弃。

当一个人开始放弃虚假的破坏性挑战之时，起初可能会觉得一切都是空荡荡的。他会感到疑惑不解：生活中的刺激和目标去了哪里？这段空虚的过程其实是必经之路，只有如此，才会有足够的空间等待真正的挑战和意义来填补。实际上，有些人之所以不愿放手破坏性的挑战，主要因为他们并不知道什么才是真正的挑战，不知道如何才能成长。他们沉浸在虚幻的刺激制造的恐惧之中，将生活为其提供的、真正对其有益的诸多刺激和挑战都拒之门外。这些人看不到真正等待自己的刺激，也看不到自己真正能成为什么样的人。

想象一下：

今天就放弃一个虚假的破坏性挑战，感觉如何？写下来。有些人会觉得失意、空虚或者生活似乎失去了乐趣。无论感觉如何，只管去做。只要今天决定放弃一个破坏性挑战，无论这一周发生了什么，都不要再故态重犯。在这一周其他任何时候，再次把这个挑战记在一个笔记本上，试着放手。看看自己感觉如何。下一周再试另一个，每周放弃一个这样的挑战。

当你开始放弃这些虚假的挑战时，许多恐惧将会同时消失，而你也将为新的、健康的、引人向上的挑战腾出空间。当真正的挑战出现的时候，你也应该写来下。也许你获得了一个从未想过自己能胜任的工作机会？也许某个人会在你的生活中出现？也许你忽然心血来潮想要画画或者写剧本？那些虚假的挑战往往会掩盖住你内心深处这些真正的挑战，你原本害怕面对的挑战。

这些深层的、真正的挑战出现的时候， **把它们写下来**。*或许你想重返校园？或许你渴望一份新工作？或者想去跑马拉松？或*

许你想跟某人约会？或者想学交际舞？不要害怕这些挑战。一旦你逐步解脱对苦难的迷恋，一旦你放弃破坏性挑战，就会有充分的时间、精力、能力和力量进行一些具有建设性的挑战。

虚幻的期望

我们不可能在暴风雨中找到安全的港湾，同样不可能怀着虚幻的期望寻找内心的宁静。可以说，每个人的生活都是以期望为蓝图，它们事先为我们铺平了道路，告诉我们如何采取行动，如何与他人交往，如何培养自我价值。然而，绝大多数时候，这些期望都是不真实的，是我们自己的幻想，与事实大相径庭，因而往往令我们大失所望。如果生活与我们的期望有所出入，我们不仅会感到恐惧、愤怒、愚蠢、软弱，而且无法理解现实发生的事情。许多时候，我们花费大量精力试图让现实符合我们自己的期望，却不愿让自己的期望适应现实。要我们认真看待自己的期望、放弃那些虚幻的期望是件非常痛苦的事。我们往往把虚幻的期望视为珍宝，希望它们能够变成现实。有些极端的人甚至觉得那些期望代表的就是他们自己。

然而，现实终归是现实，它无论如何都要发生。现实并非我们的敌人，但它肯定会与我们的期望有所出入。起步做生意的时候，我们期望一两年后生意会越做越红火；选择了人生伴侣，我们期望与之携手到老，永远幸福；参加赛跑的时候，我们信心百倍地期望自己会获胜。我们被教导要带着某种眼光审视他人、宗教和事物。我们自小被灌输的观念是：有些人和信仰是好的，有些则是坏的，而我们则期望这个观念是真的。我们还知道：如果深爱上帝，就会得到他的保护，进入天堂。

不消说，现实的经历往往与这些根深蒂固的期望背道而驰。

每当二者发生矛盾的时候，恐惧便会乘虚而入。在内心深处，我们可能会认为自己根本不知道发生了什么事，无力保护自己免受伤害。然而，重要的是，我们应该明白，使我们感到震惊和软弱的并非生活本身，而是我们自己的期望。

记住：如果允许现实成为现实，我们就会变得安全、强大。

列举一下你生活中的基本期望。你指望会发生什么？你期待自己的人际关系会怎样？你希望别人如何待你？你期待在工作、爱情以及生活中表现如何？你对自己和别人有何期待？这个练习非常有趣。在这个过程中，你会发现自己的某些期望的确比较刻板，阻碍了你与现实和变化之间的交流互动。

你有没有对你无益的期望？哪些期待你不愿放弃？哪些期望未能实现的话你会气恼别人？哪些让你埋怨自己？

期望往往是刻板的，它们没有考虑变化、成长和新发展等因素。期望不允许我们看到这样一个事实：生活就在我们的眼皮底下不断蜕变。今天的良药明天可能变成致命的毒药，而毒药也可能会变成良药；心怀怨恨的人会变得宽宏大量，而原谅你的人也可能会怀恨在心；原本喜欢晒太阳的人随着年龄的增长，反而更喜欢待在树荫下。**只有期望生活成为生活，期待一切都会变化，你才能在纷繁的变化中获得安全感。**

一个旅人，
这就是我，
在秋日的黄昏。

应对不确定性的步骤

要想应对变化的不确定性需要极大的智慧，例如，放弃刻板的期望，坦然接受现实生活。这样做得越多，你面对现实的能力就越强，恐惧就会越少，而你对现实的适应能力也就越强。只有消除那些虚幻的期望，我们才能坦然接受、尽情享受生活带给你的一切。

列出来五种你能轻易放手的期望，没有了这些期望你感觉如何？再列出五种你认为可以保护自己的期望，认真想想：它们是不是真的在保护你。拿一张纸，在中间画一条竖线，一侧写下真实发生的事，另一侧写下你期待发生的事。然后，将二者仔细对比。大多数人往往会放弃现实，反而生活在期望之中。如果放弃期望，回到现实，你会怎样？感觉如何?痛苦现在在哪儿?

每个人都有自己为人处事的标准、价值观和界限，而放弃期望并不意味着我们必须要放弃这些原则。放弃期望，我们会更加关注生活中的现实问题，从而灵活恰当地采取相应的行动，作出富有建设性的选择。如果一味地抓住某些虚幻的期望不放手，我们便会陷入愤怒、挣扎、痛苦及其他消极反应中，使我们头脑发昏、畏首畏尾。另外，人们的许多期望只不过是自小被强行灌输进我们大脑中的一些不真实的期望；它们并不是能真正保护我们的外套或铠甲，它们只是让我们麻木的另一种方式而已。

寻找安全的港湾

1. 你需要什么才能获得安全感?

你需要什么才能获得安全感？不妨把它们列出来。你是如何努力得到它们的？如果其中的某个需求无法满足会怎样？你是如何应对内心的恐惧的？写出来你可以回应（不是反抗）恐惧的三种方式。你觉得自己面对的真正的危险是什么？你是担心失去，还是害怕受到侮辱或者被人耍弄？真正的恐惧究竟是什么？在这种情况下，还有没有其他什么可以带给你安全感及平和的心境？

你愿意主动提出要求吗？你愿意跟别人说你的烦心事吗？今天就尝试一下。如果你需要从别人那儿得到什么，直接开口就行；如果有什么烦心事，今天就把话说清楚，但要心平气和。

2. 别再抵制害怕的东西

花些时间想象一下自己害怕面对的事情。只需想象，不要抵制它，不要再与之搏斗，只是与它面对面，让它随心所欲地以任何方式存在。均匀地呼吸，直到恐惧以及这件事开始逐渐模糊。肯定会的。当你不再抵制它，不再憎恨它，不再与之搏斗，它便会失去活力，开始消融。

3. 拒绝消极暗示

人们整天都在对你进行消极暗示，他们有意无意让你充满恐惧和恐慌。对这些暗示说“不”，不要把它们放在心上。你应该果断地意识到，这些只不过是消极的期望，意在制造恐惧，让你软弱多疑，失去控制力。你有能力拒绝这些暗示（以及暗示之人），并且每天都应该这么做。

4. 邀请所有好的、有益的东西进入你的生活

如果说我们自己就能邀请所有好的东西进入自己的生活，许多人都会觉得难以置信。我们可能被消极的人、思想和环境包围，却没必要完全受制于此。我们可以特意花点时间，邀请所有好的、有益的东西进入我们的生活，至于邀请的方式，随你所愿。站在一棵树下发出邀请，写在纸上，说出来，唱出来，大声宣布，贴在墙上。有些人觉得自己不配拥有好的、有益的东西。无论如何，只管去做。我们每个人都能将其召唤到自己身边，有资格拥有它们。生活中好的、有益的东西越多，我们就越能鼓舞他人。

5. 每天花些时间独处

许多人喜欢热闹，害怕独处，以为安全感源于朋友的数量和陪伴，却并不知道：如果能与自己独处，花些时间了解真实的自己，享受安静，内心的力量和智慧就会得到淋漓的表现。与自己独处的时候，不要对自己有任何要求，只要展示真实的自己，这样我们将会获得珍贵的礼物。逐渐适应这种方式之后，我们会发现独处的强大力量，不仅会找到通往安全港湾的道路，对孤独的恐惧也会悄然消失。

至理名言

让现实成为现实

无论我们喜欢与否，现实总会带给必须的东西，只要我们欢迎它、承认它、品尝它、了解它，就会逐渐放弃虚幻的期望，变得更安全、更强大。

第五章

祝福他人——爱的行为

“囚禁你的牢笼并不是真实的你，而是你心目中的自己。”

司各特和玛格丽特订婚已经半年了，正忙着筹备婚礼。一天下午，俩人正在检查客人名单的时候，玛格丽特忽然捂住脸抽泣着说：“我不能跟你结婚，我爱的是别人。”

司各特呆住了，他下意识地问：“你说什么？”

“咱俩完了，”玛格丽特说完，深吸了口气，起身飞快地跑了出去。

接下来的一两周时间里，司各特终日愣神发呆，神情恍惚，仿佛生活在梦中。他无法接受发生的一切，幻想着某一天梦醒之后，一切都会恢复如前。司各特想：玛格丽特只不过结婚前有点紧张，过几天肯定会没事的，她最终会回到我身边。这个世界上她还能爱上谁呢？除了我之外根本就没有旁人。

日子一天天过去，玛格丽特没有回来，司各特不得不承认现实，陷入了消沉的深渊。他的整个世界，特别是对自己的认识，已然土崩瓦解。他开始在脑海中回忆玛格丽特注意别的男人或者与别的男人聊天的情景，忍不住想：她那时候可能就对我有了二心，只不过是在耍弄我，我真是个瞎眼的白痴！从今以后，我再也不能相信任何人了，我怎么早点没有料到会发生这种事？

司各特的沮丧情绪并没有缓解，反而越来越严重。他翻来覆去地考虑玛格丽特究竟爱上了谁，开始怀疑身边所有的朋友。他想：这些人可能都在背后说我的坏话，拿我当笑柄呢；不过，现在他们可能并不清楚我和玛格丽特已经分手了，我得把她重新夺回来。司各特脑海里整天都是这些念头，甚至无暇静下心想一想：其实自己一点都不想玛格丽特，摆脱这段感情后他甚至还觉得如释重负。实际上，真正伤害司各特的原因不是失去了玛格丽特，而是因为他被人耍弄了。现在的他不仅怨恨玛格丽特，也痛恨自己。

了解自我仇恨

自我仇恨是美国当今社会的一种主要疾病，其主要表现是抑郁。抑郁实际上是对自己的怨恨。得这种病的人无法控制、无法以健康的方式发泄愤怒，他们害怕伤害别人，因而便选择伤害自己。尽管他们这种行为或许是无意识的，但事实的确存在。这些人试图压制愤怒，导致愤怒情绪在体内积聚，最终以各种方式惩罚自己，使自己麻痹瘫痪。

如果一个人对自己持有消极片面的看法，如果他不能以健康的方式表达自己，就极易患抑郁症。司各特就是一个鲜明的例子，他向世界展现的是这样一个形象：为了弥补和掩饰自己是毫无价值感的工具。

如果我们觉得自己一无是处，便很容易幻想出一个高大的自我形象。这种幻想（或者自我）终日生活在恐惧之中，害怕自己的欺骗行为被人发现。与司各特一样，那些缺乏自我意识的人特别渴望获得他人的尊重和认同。他们往往会选择那些得到社会普遍认同的伙伴、工作、朋友和生活方式，以便让自己合时宜，受人尊敬。然而，一旦这层伪装受到危险，恐惧、自我怀疑和自我仇恨便会应运而生。他们不仅怨恨自己，同时也憎恨、害怕别人。

仇恨之情从不偏袒任何人。一旦它开始出现并发挥作用，随后产生的破坏力就永无止境。如果某人患了某种自身免疫性疾病，他的身体便开始攻击自身的器官。承受自我仇恨和抑郁症的人也是如此，他们受控于恶毒之心，开始攻击自己，却没有意识到：其实他们伤害的就是自己。

如果我们知道自己的真正价值，活出自己，恐惧便无处藏身。

仇恨就是恐惧的一种表现形式，这个事实可能许多人并不知道。当我们感觉受到了攻击、威胁，或者没有获得恰当的评价或关心之时，仇恨便会不请自来。它蛊惑煽动我们进行反击，说这样就会让我们安全，修复受伤的尊严。然而，仇恨与恐惧乃一丘之貉，告诉我们的只是一连串的谎言。它声称，如果进行反击，我们就会重获平衡感、安全感、公平感和自我价值；我们必须迅猛出击，表达愤怒，必须报仇（即便报仇的对象是我们自己）。仇恨最迷惑人之处是它制造的盲目性。仇恨一旦占据了上风，根本不管目标是谁。因此，那些受仇恨蒙蔽的人伤害的往往是自己最亲密的人，包括自己，尤其是自己。

受制于仇恨的人好像喝醉了酒一样，失去了所有的正常思维和控制力。仇恨的毒药不仅会影响他们的身体，引起心脏病、中风、免疫力低下等各种症状，也会影响其大脑。没有了理性思维，这些人的同情之心更是无从寻觅，完全被恶毒之心控制了。

有些人认为，出于仇恨的行为体现了他们的强大力量。攻击的时候他们往往会体验到一种力量感，似乎自己就是英雄，自己的所作所为无可厚非。然而，源自仇恨的冲动并不是真正的力量，将不可避免地带来灾难。仇恨所到之处，情况只会越来越糟，受仇恨控制的人会觉得虚脱无力。真正的力量意味着有能力拒绝仇恨带来的虚假的冲动，能够看清真实的情况，明智善意地作出回应。而这些正是仇恨不愿看到的结果。

如今的这个世界、这个年代，人们生活中出现了越来越多的仇恨和暴力倾向。仇恨是毒药，它为恐惧煽风点火。要想彻底去除这种恐惧赖以生存的毒药，仅仅处理枝干（愤怒的表达）还远远不够，我们必须彻底地追根溯源。仇恨的能力被转化之后，就可以帮助我们和其他人在生活的各个方面变得富有创造力、充满爱心、幸福完满。

恶毒之心

被仇恨控制的心灵可以被称为恶毒之心。它只是我们自动的、有条件的反抗和恐惧的另一方面；这种心灵不愿暂停片刻，不愿面对它给我们自己以及他人生活所造成的严重后果。

恶毒之心已经失去了所有判断力，失去了让自己扎根现实的能力。它落入仇恨的魔爪，充满憎恨，完全失控，歪曲它在世上的所有经历。在某些情况下，恶毒之心专注于报复，有时候则费尽心机，意欲为所欲为，或者控制他人。它可能会变得百般疯狂，所到之处，横扫一切。这种心态在许多方面就像疯狂抢食的饿狼一般。当然，人们的恶毒程度不尽相同。有时候怀有恶毒之心的人会稍微有点理智，接受劝告，与一直控制其生活的仇恨划清界限；但有时候恶毒之心则顽固之极。

恶毒之心的基础是恐惧、自我和虚假的自尊，它表现自己的途径多种多样，在我们的生命中生根发芽，不断膨胀。一旦我们开始相信它的谎言，它便会乘虚而入，把我们的思想和行为搅得天翻地覆。恶毒之心告诉我们：我们肯定是正确的，其他人都是我们的敌人，生活就是一场战斗，不是你死就是我活。在前进的道路上只要有人挡路，无论对方是谁，一定要将其消灭。它还告诉我们：如果有人伤害我们，我们必须加倍还击，将其彻底摧毁，阻止此类事件再次发生。然而，恶毒之心却没有意识到，源于仇恨的任何行为都无法阻止事件再次发生；实际上，它只会南辕北辙，事与愿违。我们不能以攻击获得平和的心境。那些受到伤害的人迟早会卷土重来，为自己复仇。如此一来，结果必然造成冤冤相报、定数和悲伤的恶性循环。那么，如何结束这一切呢？

“如果你想寻找和平，应该先从自我做起。”

恶毒之心绝对是有百害无一益的毒药。如果我们受制于它，让它生根发芽，它喷出的毒剂将会扩散到我们生活的各个方面。即便我们成功地爬到了社会高层，或者最终能够报仇雪恨，但是，受到最大伤害的不是别人，而是我们自己。我们将终日与恶毒之心赖以生存的毒药相伴，直到它彻底摧毁我们的身体和心灵。

种善因，得善果；种恶因，得恶果。

这是生活的一个根本法则，无法拒绝、永远存在。我们对别人的仇恨越多，返还到我们自己生活中的仇恨也就越多。

暂停片刻：

看看导致你内心仇恨的究竟是什么。把你感觉仇恨的经历写出来。仇恨当道的时候你是怎么做的？你如何阻止它生根发芽？

要想变得无所畏惧，我们必须直面自己的仇恨。由于这种情绪令人难以接受，因此它通常在暗处潜伏。我们尽量压制仇恨，面带微笑，想方设法做个“好”人，以各种方式补偿这种不受人欢迎的情绪。更有甚者，有些人刻意规范自己的言行，表现得似乎自己非常高尚神圣，从来没有仇恨。但实际上，每个人都会产生仇恨，恶毒之心一直存在，它躲在暗处探头探脑，随时准备伺机跳出来“大展身手”。要想真正摆脱仇恨，我们必须首先愿意面对它，看清它的本来面目。

当我们这样做的时候，一件有趣的事就会发生。跟恐惧的情况一样，只要我们直视恶毒之心，剥掉它的伪装和面具，揭穿它的谎言，它便开始摇摆不定，逐渐消失。仇恨本身根本没有任何力量，它唯一的力量来自于我们。如果我们相信仇恨的谎言，任由它像癌细胞一样疯狂地发展，它就会肆意扩散，从而控制我们。相反，如果我们时时保持警惕，提防着它；如果我们让大脑获得丰富的维他命和矿物质，建立牢不可破的精神上的免疫系统，就会比仇恨强大百倍，而它也就找不到机会控制我们了。特别是在当今社会，消除仇恨，迫在眉睫。

恶毒之心的助燃剂

推动我们恶毒之心的助燃剂多种多样。一旦了解了这些助燃剂，我们就可以开始阻止它们。助燃剂其中之一就是我们对自己愤怒的辩解，认为将气撒在别人身上是极其自然的、甚至是健康的。（以健康、负责、富有建设性的方式表达愤怒是一回事，而用愤怒当借口去攻击他人、指责他人，去谴责和欺骗却完全是另一回事。）我们找出各种各样的理论、观点和借口任由愤怒控制自己的生活和人际关系。

许多人认为，如果有人触怒或者侮辱了他们，那么，让对方吃点苦头当然是情有可原。相反，如果他们不愤怒地回应，就会被当作一个任由别人要弄、利用和践踏的工具。在这种心理的支配下，他们总是在伺机寻求报仇的机会：蔑视、侮辱或者以其他方式虐待对方。实际上，这些人生活在自己建造的牢笼之中，怀疑和缺乏信任占据了他们生活的全部，狂躁之心不停地折磨着他们的每根神经，片刻不得安宁。

当你感觉被人利用、侮辱或冒犯的时候，**你是怎么做的**？你是如何处理内心的沮丧和愤怒情绪的？是奋起反击，还是假装什么都没发生，抑或是为自己的反应负责，开诚布公地向对方表达你的感受？你回击侮辱对方了吗？认真想一想。

回应他人侮辱和伤害的方法有许多，其中有些极具建设性。有些人把受辱的经历当作一次助其成长的练习，他们并不保护自己，也没有善意地回应对方的侮辱，而是选择沉默，不让自己卷入消极的恶性循环。他们告诉自己，眼前的侮辱可能会产生积极的结果；或许自己以前曾经无意间伤害过对方，这是对自己不良行为的报应。

或者，有些人并没有把对方的侮辱当成个人攻击，而是视为此人内心痛苦的一种发泄。有人侮辱自己，只是表明这个人需要同情和关心。有些人甚至还会以德报怨，他们意识到，自己受辱的时候，实际上是获得了一次成长的机会。毫无疑问，持有这些观点的人正在朝着正确的方向前进，最终会找到内心的宁静。

恶毒之心的另外一个助燃剂是一种错误的观念。这种观念认为：人非好即坏，世界分成两个截然对立的阵营。我们理应仇恨那些站在错误阵营中的人，甚至将其毁灭也没什么大不了。但是，恶毒之心却没有停下来认真想一想，今朝的敌人可能明天就会变成亲密的朋友。每个人都有多面性。朋友可以变成敌人，反之亦然。我们并不是生活在一个黑白世界中，变化（包括心灵和头脑的变化）才是永恒的规律。

从本质上讲，恶毒之心的助燃剂并不仅仅源于无知，还有妄自尊大。这种狂妄自大的心理使我们蔑视他人，指手画脚，抱怨谴责，将我们的恐惧和失望发泄到他人身上，而看不到真正的对方。

人们之所以妄自尊大，追根溯源，是因为觉得自己脆弱。它促使我们不断寻求机会证明自己，而许多人证明自己的方式便是贬低他人，指责别人是坏人或者做错了。这些人如果没有高高在上的感觉，便会浑身不自在，感觉什么都不对劲。恶毒之心蒙蔽了他们的眼睛，不让他们发现这样一些事实：他们其实比自己想象中要强大许多，他们拥有不可思议的才能和天赋，而且有许多做梦都没想过的处理问题的方式。

摘掉恶毒之心的面具：吞没我们的阴影

要想变得无所畏惧，我们必须摘掉恶毒之心的面具，使其消除。有些人将这个过程称为“吞没我们的阴影”。这个阴影就藏在内心某个黑暗的角落里，我们往往拒绝承认或者根本没有意识到它的存在。这个阴影由我们不愿面对或者不愿接受的性格、记忆或欲望构成，因此，我们通常将其投射在别人身上。我们目睹自己的自我仇恨之心投射到周围的人身上，使我们怀着偏见看待他人。

看到别人的缺陷，为此而仇恨或者反对他人，较之直面自己的这些缺陷要容易得多。如果我们能勇敢地直面自身的问题，不但问题会逐渐消失，我们也不会再将问题投射到周围的人身上了。我们不必再怨天尤人，也不必终日生活在痛苦和恐惧之中。这里有句绝妙的至理名言：

“你不能接受别人身上的缺点其实就是你无法接受自己身上的缺点。”

这是一个非常重要的观念，值得我们稍停片刻，认真理解吸收。如果你憎恶某人，讨厌他、排斥他，你应该明白：此人的某些特点在你身上也有，而你却不愿接受它们。你实际上是把这个人拽过来当成了自己的一面镜子。

放眼望去，卢随处可见男人在和女人调情，这让他郁闷之极。卢的婚姻非常牢固、令人尊敬，却并不幸福，所以他特别看不惯那些男女关系随便的人。困惑孤独的卢完全丧失了对性的欲望，也不愿像别的男人那样寻花问柳。卢之所以讨厌有些男人，就是因为这些人恰恰表现了他自己身上某些令自己讨厌的东西。后来，他终于意识到了自己的问题，开始接受自己身上的这些特点（不一定必须依此而行，只要接受并拥有它们），于是，他的许多恐惧和对别人的影射便逐渐消失，而且也不再特别关注生活中的这些问题了。

想想别人身上有哪些东西让你讨厌或者无法接受，把它们写

下来，然后看看自己身上是否也有这些毛病。想想你自己的言行和感受有时候是不是跟他们一样。下决心接受你自己和他人身上的这些缺点吧。（一旦你接受了它们，它们便会悄然消失。）

我们越压制自身的这些缺点，越将其投射到周围人身上，它们对我们的控制就越紧，我们就会越关注那些具有相同缺点的人。我们内心的阴影被压制、被拒绝，见不得光亮本质特点以各种方式影响着我们的生活。当我们不得不压制它的时候，它便从我们身上汲取大量能量。此外，这个阴影还使我们内心充满矛盾，选择行为和朋友往往带有明确的目的——为了隐藏自己的阴影。

最糟糕的是，如果我们不愿面对内心的阴影，费尽心机把这个阴影投射到他人身上，就会出现偏执狂的症状。我们会跟司各特一样，迷失自己，觉得整个世界都充满恶意，在嘲笑我们，背地里说我们的坏话，想方设法要伤害我们。其实，这不仅是我们自己仇恨的一种投射，也是渴望受到伤害的无意识的愿望。记住：只要能在某个人身上释放愤怒，恶毒之心根本不在乎它伤害的是谁。令人悲哀的是，它攻击的对象往往是离它最近的人，是怀有恶毒之心的那个人。偏执狂是恶毒之心结出的恶果，是一种极端痛苦、自我毁灭的生存状态。

无处不在的偏执狂

“我是偏执狂，但并不意味着我是错的。”

每个人都可能偶尔会有偏执的症状，但是，它具有连续性。或许起初的时候只是暂时现象，不过，如果不加注意，偏执症状便会逐渐加重，最终控制我们的生活。偏执症还会削弱我们的能力，因为它阻止我们清楚地认识世界，歪曲跟我们有关系的人，缩小我们的选择范围，增强我们的恐惧感，让我们的世界充满敌人。因此，我们应该明白它对我们个人生活及国家关系的影响，知道如何进行防范，最终将其消除，这一点至关重要。

偏执症的根源在于恐惧。真正的偏执狂患者终日生活在恐惧之中，与现实生活完全脱节。他们只会想象到最坏的结果，在别人的无意之举中发现危险，在他人的每句话中听出讥讽或攻击。如果身边的某个人自嘲地做了个鬼脸，这个偏执狂便会立即认定此人是在嘲笑他、贬低他，是对他的行为的反应。

恐惧被激活之后，偏执的行为便会越来越严重。尤其当我们遇到来自其他种族、其他宗教或其他文化的人的时候，我们极易以偏执狂的方式对待他们。由于这些人是陌生的，与我们不同，我们便可能把最坏的想法投射到他们身上。

出现偏执症状的时候，人们便开始产生阴暗的动机，怀疑别人的行为。我们固执地认为，自己面对的是危险的敌人，必须保护自己，必须将其赶出自己的生活。然而，我们只看到了自己与对方的差异，却没有看到人与人之间共有的特点。我们并没有意识到，这些人其实跟我们一样，渴望得到幸福，避免痛苦；他们跟我们一样，都经历过苦难，渴望安全；他们跟我们一样，有朝一日都会走向坟墓。

我们越将某个人当成敌人，偏执症状就会发展得越快，实际上就是在越来越强化对方的某些特点。看法至关重要：我们如何看待别人的行为，就会如何反应。更有趣的是：

他人在我们眼中的形象，实际上只是我们自己的想象。

如果我们只看到某个人身上最坏的地方，便会无意识地向对方发出一种信号，告诉对方他/她在我们心目中的形象。然后，同样是无意识地，对方的表现就会验证你的看法。这不仅适用于国家与国家之间，宗教与宗教之间，同样也适用于父母与子女、丈夫与妻子、朋友以及恋人之间。我们如何看待别人，他们就如何反应，按照你的看法行动。

想一下：

想一下你关心在乎的人。你如何看待他们？你在身边的时候他们的表现如何？再想一下你不喜欢或者不尊重的人。你如何看待他们，他们又是什么反应？你可能会说，你对他们的看法源于其表现。但是，下面有个有趣的实验可能会推翻你的观念。

将事情反转一下。*有意识地想想你不喜欢之人的优点，好好想想，找出他们值得你钦佩之处，想想他们帮助你的时候，做你喜欢的事情的时候。让自己的脑海中充满这些积极的观念。现在再看看他们如何对你。相信你肯定会又惊又喜。*

当某个人、某个群体或国家受到尊敬的时候，他们便会感觉到这一点，从而会影响他们对自己本身、对自己行为的认知。结果肯定是这样。

自我迷恋

自我迷恋是偏执症的孪生姐妹，是在通往偏执道路上的一个站点。如果某个人迷恋上自己（不少人就是如此），地球似乎只绕着他转动。他觉得自己至关重要，只有他才与众不同。按照这种思维方式，自我迷恋的人看待事物的方式完全是从自己出发，以自我为中心。如果别人没有给他应得的尊重和关注，他们就会将此人逐出自己的生活，或者将此人视为仇敌。

当我们迷恋上自己的时候，盼望好东西只属于我们自己。

我们将世界上的人分为两部分：反对我们的敌人与支持我们的朋友。自我迷恋的人内心里有一种强烈的渴望，渴望保护自己以及他认同的一切，包括他的群体、家庭、宗教和国家。这种人将大多数人拒之千里，在别人身上发泄仇恨，将自己的愿望、需求和幻想随意强加于他人身上。人生如果以自我迷恋为伴，的确十分可怕。自我迷恋与偏执狂一样，也是个连续体。每个人可能都会暂时出现这种现象，如果任由其发展，便会最终成为我们的一种基本生活方式。

尽管自我迷恋的人可能没有意识到这一点，但他的确心理阴暗。他把别人当成操纵和利用的对象，以便为其歌功颂德。他认为别人低他一等，甚至觉得别人不能得到与他相同的权利、需求和渴望。其他人的存在只是为他服务，是为了认同他的观念。如果对方不这样做，那么就是一无是处，往往变成他的敌人。

自我迷恋这种心理极度危险。它的基础不是为了大多数人的利益，对人类毫无价值。它的存在只是为了囚禁自己，使自己脱离世界。这种心理充满了对别人的评判和谴责。我们如果要过一种无所畏惧的生活，就一定要认识这种自我迷恋的心理，揭掉它的面具，看清它的真面目，逐渐将其消除。

想一想：

想一想你出现自我迷恋的情况。你拒绝善意地对待谁？你谴责的是谁？对于那些看起来跟你不一样的人，你是怎么看的？

请你明白： *你已经陷入了以自我为中心、自我关照的思维模式中。你所有的想法和感觉反映的并非事实，你是在作茧自缚。*

当以自我为中心的思想用编织好了茧，将我们团团围住的时候，它制造的不是一个安全的处所，而是一座囚禁我们的监狱。

挣脱以自我为中心的思想编织的茧

在变得无畏的旅途中，在摆脱偏执的过程中，我们必须学会如何挣脱以自我为中心的思想和恶毒之心编织的茧。起初你可能会有点害怕，因为我们往往误以为茧能带来安全感，我们可以蜷缩在温暖的茧中，深藏不露。然而，在茧中我们并不能真正看到外面的世界，无从知晓外面在发生的一切，不知道最佳的回应方式。许多人并未没有意识到：这个茧本身就可以将我们置于危险之地，而真正安全的处所就在外面，就在辽阔无垠的蓝天下。

想象一下：

你是如何作茧自缚的？停下来想一想。在生活中的哪些方面你只以自己为中心？你蜷缩藏身于何处？由于与你不同，你往往拒绝哪些人、哪些群体、宗教和国家？你什么时候产生最坏的想法？

想象一下*你自己钻出自缚的茧，从中挣脱出来，昂首挺胸，矗立在宽广的天空下。那种感觉如何？*

某个人进入你生活的时候，你可能会怀疑他，或者害怕他，但是，你应该立即打消这种念头，从对方身上寻找你喜欢的东西，找出你们的相似之处，看看你怎样能帮助他。

深入这个人的内心世界，提出问题，听听他们想对你说什么。发现他们真实的一面，看看他们最重视什么。

消灭敌人其实易如反掌。你可以带他共进午餐，让他成为众人关注的对象，看看你能为他做什么。化敌为友。

化解仇恨——练习原谅

与人们普遍接受的观念相反，仇恨其实并不难化解。如果我们待在一间黑屋子里，要想摆脱黑暗，只需一点点光线就够了。仇恨亦是如此。往往只需一点点同情和智慧，见不得天日的仇恨便会立即消失，因为它的基础是虚假和幻想，是我们对自己和他人的错误看法。我们生活的宇宙时刻在滋养抚育着我们每个人，而仇恨的基础却源于对宇宙本质的错误认识。仇恨之所以能引发各种矛盾，主要在于我们自己缺乏了解。

一个人如果能接受自己，受人喜爱，力量强大，那么他为什么还需要仇恨呢？一个人如果自我感觉良好，他就不会再把别人当成敌人，而是视为朋友。如此一来，根本就不必害怕什么。没有了恐惧，仇恨自然也便无处安身。

化解仇恨、学会原谅的方式有很多，不过，在准备尝试之前，第一步首先要愿意这样做。如果你自己根本不想消除仇恨，非要抓住仇恨不放，以为它会保护你，这种心理便是化解仇恨过程中的最大障碍。

扪心自问：

你是否愿意放弃仇恨，将它驱逐出你的生活？如果不愿意，停下来想想它对你产生的影响。它在伤害你的同时是不是也伤害了惹你生气的那个人？仇恨是一剂毒药，它的存在会产生可怕的后果，影响我们的健康状况、快乐程度、爱的能力以及其他许多的能力。只有不再把仇恨当作财富，而是当作负债，我们才能心甘情愿地放手。

如果你愿意放弃仇恨，首先关键的一点就是：不要为自己的仇恨找任何借口。把它当成毒药。仇恨出现的时候，务必保持冷静，体验仇恨的真正感觉，看清它的本来面目：有害无益、令人不快。不要压制或拒绝仇恨，只需彻底地体验它，然后放手。亲眼看着它飘然而去。只有在体验仇恨的过程中保持冷静、不为所动、不转嫁于人，这才是真正成熟的表现。

另外一种消除仇恨的方法是不断提醒自己：我们给予别人什么，就会得到什么。如果我们给的是愤怒，那么得到的回报也将是愤怒；相反，如果我们给别人的是同情和谅解，得到的也将是同情和谅解。

忘掉那些说仇恨好话的故事吧。许多愤怒和仇恨之所以能够存活，都是因为我们讲给自己（和别人）的故事。不要再想着那些自欺欺人的故事了，它们只是让仇恨存在的理由和借口。这些故事都是你自己编造出来的。如果你再想出另外一个故事，如果你能为发生的事情找到其他解释，仇恨根本就不可能出现。实际上，你甚至可能感受到同情或爱心。

我们与别人的每次接触可能都代表着两个不同的极端：天堂和地狱。当然，最好的做法是能够选择自己想要到达的目的地，而不要单纯地受制于内心的感觉或幻想。

记住：

如果你觉得某人实在可恨，停下来想一想：这个人是不是不知道怎样找到幸福？他的不良行为不是对你，而是对他自己的一种反应？这种行为并不是针对你，而是他自身痛苦的一种表现？你应该后退一步，在更大的背景下审视这个人的生活。任何了解自己、感到幸福的人都不会伤害他人。你应该把憎恨的这个人当作一个深受痛苦折磨的人，他只是在宣泄自己，寻求帮助。

这个人为你所做的一切，并专注于此。受制于仇恨的时候，我们往往会忘记大局。现在，有意识地回忆一下这个人对你做过的好事，记住他对你的好，想想他身上某些令人尊敬的品德。

另外，你还要记住：你自己有时候也跟这些人一样。现在，你能原谅自己，原谅别人吗？

原谅并不意味着要维持一种有害的、不良的关系，也不是说要参与对你有害的事。它的意思只是说要消除仇恨，远离愤怒，让自己放松，给别人送上最好的祝福，从而能为自己作出健康的选择。

你无法控制别人的行为，却能控制自己看待他们的方式。选择爱，选择健康，而不要选择陷入痛苦的泥沼。

如果我们认为人只有好坏之分，实际上是没有把自己和他人当作一个连续体的一部分。生命是流动的，是个过程。在这个流动的过程中，我们每个人都有多面性。好的可以变成坏的，反之亦然。此刻怒不可遏的人可能会幡然醒悟，变得充满爱心。我们应该明白，每个人都可能会变化、成长、重获新生。如果你这样看待他人，实际上是在帮助他们成长；如果你这样看待他人，实际上过得是一种原谅的人生，同时也能使自己免于陷入自动反应的陷阱，而这种自动的反应往往会让你受制于恐惧。

培养自尊

"生病是因为我们的行为方式会引发疾病。"

——路易斯·朱拉德

如果我们的生活建立在自尊的基础上，我们就不会充满仇恨，恶毒之心也就不能控制我们。要真正爱一个人，就必须尊重他/她、珍视他/她，相信他/她值得你爱，同样也要这样看待自己。自我仇恨是缺乏自尊的直接后果，我们之所以怨恨自己或许就是因为自己没有受到尊重。

每个人的内心深处都能强烈感受到自己珍视什么、尊重什么，同样也有强烈的诚实、价值和正直的观念。有些人显然具备这些特点，而许多人却没有。然而，无论你知不知道自己尊重和珍视的东西，一旦你的行为方式超越了内心的价值底线，内在的自我便会产生消极回应。最终，你必然要为此付出一定的代价，而最大的代价往往便是缺乏自尊。

在通往无畏和内心宁静的道路上，至关重要的一点便是了解自己内心深处视如珍宝、不可侵犯的东西，同时还要了解生命目标和意义的来源。如果我们背叛了自己，破坏了内心的信任感，便会成为自我仇恨和自我厌恶捕猎的目标。要想摆脱这种生活，有一种灵丹妙药——尊重自己。

无论我们以前走过多少弯路，无论我们的自我仇恨有多严重，只要我们能发现真正值得自己尊重的东西，并以此为生活的基础，便能重新找回自己。

停下来：

在纸上写下你最尊重之人的名字。谁是你心目中的英雄？他们做了什么事情让你觉得值得尊重？这是一个非常非常重要的练习，你可能会对发现的结果感到震惊。不要写你认为自己应该尊重的人，而是真正深深触动你的心弦、真正让你尊重的人。每个人尊重的对象都不尽相同。

另外再列举一下这些人做了什么事赢得了你的尊重。现在，看一下自己罗列出来的内容，其中多少行为在你的生活中也存在？如果不多，现在就为自己选择几个。

再列出你不尊重的人或事，并写下其中的原因。现在，把这些内容与你自己的生活进行对比。如果别人做了什么事让你蔑视他们，看看你的生活中有没有类似的行为。如果有，那么现在就要下决心剔除它们。

深吸口气，不要在这件事上给自己太多压力，不要制造愧疚感；把它当作一次有趣的冒险，一次有效的练习，它能帮助你消除恐惧和自我仇恨，过上一种以自尊为基础的生活。

如果你真正懂得尊重自己，就不会藐视他人。

如果你过着一种自我尊重的生活，就不可能不尊重他人。如果你尊重自己，恐惧便会对你退避三舍，而你自然便可以发现别人的优点，态度积极地与别人交往，只发现对方的优点。这不仅是你对付恐惧的最佳解药，也是帮助你治愈痛苦和困惑的良药。

重获自尊

在努力以自尊为基础生活的过程中，你首先必须面对一个挑战，即，找到你当初跌倒的地方，也就是自己身上无法忍受的行为。最为重要的是，在遇到这些问题的时候你不必觉得愧疚。

愧疚之情毫无必要，它是一种对自身或任何人都有害无益的情绪，只会妨碍我们成长。

许多人一发现生活中不满意的地方便会产生深深的愧疚感。他们觉得，只要自己感到内疚了，就是在进行弥补，就是在切实纠正错误。其实不然。忘掉愧疚吧，愧疚于事无补，实际上，它只会阻止你真正挽回错误，妨碍你继续前进。

想一想：

你对自己做过的什么事感到愧疚，指出困扰你的具体原因。现在，扪心自问，需要做什么才能挽回这种局面。你必须道歉吗？你能为对方提供帮助吗？如果这个人已经不在了，你能为其他人做些什么进行补救吗？只有你自己才知道需要做什么才能进行弥补。

只要你没有深陷于自我仇恨和愧疚之中，所有问题其实都可以弥补。实际上，自我仇恨和愧疚之情只会往我们的伤口上撒盐。你应该找到愈合伤口的有效方法，看看需要做什么，今天就付诸行动。你采取的行动将会是尊重的行为，对你自己、对别人以及整个世界的尊重。这些行为可以把错误转变为成长，使所有人从中受益。人非圣贤，孰能无过？真正的问题是，我们有没有采取必要的补救措施？我们有没有将自己的失误转变成有益的行为，转变为有价值的生活的基础？其实做起来一点都不难。现在就开始吧，看看需要做什么，每次弥补一个错误。（更加具体的指导方法详见本章结尾部分的练习。）

爱和祝福

“幸福源于对他人充满爱心，而非得到他人的爱。”

——埃里克·弗洛姆

爱可以治愈伤口和疼痛，但是，我们首先必须更多地了解爱。爱不仅是一种感情，爱是个动词，是一种行为，一种看待事物、产生回应的方式。尽管我们不能控制自己的行为，却常常可以控制自己看待事物、产生回应的方式。治疗仇恨和恐惧的最佳手段是爱。表达爱和祝福有许多方式。

表达爱和祝福的时候，我们不仅会消除自我仇恨和对他人的仇恨，而且会保护自己和他人免受仇恨的恶果。表达爱心其实很容易，即便我们当时没有感觉到爱也没关系，只要真诚地表达爱。下面列举了一些爱的行为，其中包括祝福他人，当然，祝福是一种强有力的爱的行为。一旦心中出现仇恨的苗头，立即用祝福代替它。祝福别人的时候，我们自己也会得到祝福。在这个过程中，我们将会发现自己生活无限扩展，繁荣茂盛，而最珍贵的礼物则是真正的平和心境。

至理名言

些许的爱就能消除各种仇恨和痛苦

即便一丁点的爱也蕴含着原子般的能量，能使我们的大脑、身体和心灵产生不可思议的变化。我们每个人都有施与爱、祝福他人的能力，每个人体内都积聚着无穷的爱。当我们选择爱而非恨的时候，不仅能治愈自己，还能治愈整个世界。

结尾：练习

爱的行为与祝福他人

1. 发现爱的行为

1.）花些时间列举出对你意义重大的爱的行为。别人做了什么事让你感到了对方的关心、照顾和爱？你会发现，结果非常有意思。对每个人来说，这些爱的行为都不尽相同。有些人需要收到礼物、纸条、鲜花；有些人觉得朋友及时回电话或者按时赴约就是一种体贴；还有人觉得对方遵守诺言非常重要。如果别人没有这样做，那么，无论对方做了什么，他们都不会感受到爱。

2.）现在，想想什么行为可以表达你的关怀和爱心。比如，为别人做一顿饭，到医院探望生病的朋友，替别人跑腿，打个电话问候，抽时间真心实意地问问别人，你能为他做点什么？

3.）将列出来的内容与你每天的行为进行比较。你是如何表达对别人的关心的？

4.）从列出来的爱的行为中挑出一部分，现在就开始付诸行动。无论我们对这个人的看法如何，每天都坚持这样做。（如果能向我们不喜欢的人表达爱心，最为难能可贵。）如果我们善待他人、奉献自己，不仅可以消除内心的一些消极想法，而且还可能会惊讶地发现，我们更加了解他人，了解正在发生的现实。

2. 有意识地奉献爱心

当我们对别人（或者自己）生气或懊恼的时候，便会产生消极情绪，这种情绪不仅存在于我们的内心，而且会不可避免地扩展到周围的世界中。这些消极情绪极易察觉，当然，它们也会对发生的事情产生影响。无论发生了什么，无论我们感受如何，都不应任由这种情绪肆意妄为。我们应该为自己的表现负责，可以有意识地奉献自己的爱心。

藏传佛教中有一种有效的练习方法，称为“施受法”。其中一部分就提到：无论你什么时候对别人（包括自己）感到不高兴，只需施与爱心。即便你心中没有爱，也要表达爱，努力付出爱，“我为那种思维方式送去爱和光”。无论你内心的感受是什么，只需不断努力地施与爱和光，同时也将爱和光送给自己，送给自己面对的所有棘手的问题。

这是一个神奇的练习，效果的确非常显著。我们施与爱和光的那个人会在人生的某个阶段感觉到我们的施与，往往开始产生不同的反应。你也会感觉到他们的变化。你应该聚精会神地、有意识地去施与爱和光，便能消除仇恨，避免伤害。只有心灵得到了洗礼，你才能更清楚地看清现实，从而选择富有建设性的回应方法。

这个练习十分简单，效果却非常强大。然而，有些人却不愿这样做，他们紧紧抓住沮丧和仇恨不放。如果这样，你只需将爱和光送给自己的抵抗情绪，将爱和光施与自己的仇恨。试一下，看看有什么效果。如果你对自己的仇恨情有独钟，可以随时停止这种仇恨。那么，为什么不平息片刻，尝试一下呢?

3. 祝福他人

我们对别人的大部分言论和看法都是消极的。恶毒之心只热衷于谈论是非、造谣中伤、横加指责、抵制拒绝，它还对自己受到的伤害念念不忘，怀恨在心，想方设法伺机报仇，重获尊严。这些语言、想法和幻想无论对被评论的人和评论的人都会产生恶劣的影响。

不过，要想扭转这种局面简直易如反掌，而且可以使所有人从中获益。

无论何时何地，只要你注意到自己对某个人有消极看法或幻想时，应立即停下来，开始祝福对方，对他/她说："我祝愿你所有美好的愿望成真。"或者，"我祝你健康幸福。"有些人说，他们是以上帝或者祖辈的名义表达祝福的，这样也同样不错。

每个人都被赋予祝福的权利，这就意味着我们要促进、提升、赞美、鼓励所有生命。如果我们不能控制自己的思想、语言和幻想，那么这种祝福的力量便会不留神产生南辕北辙的效果。

我们也能祝福自己，或者有意识地要求得到祝福。如果祝福的行为成为我们生活中不可或缺的一部分，我们便会惊讶地发现自己多么健康和幸福。我们祝福他人，也祝福自己。

4. 以爱的眼光看待他人

是不是某个人不喜欢你？通过他的眼睛审视一下你自己。感觉如何？通常的结果是：不太好。

现在，再想想真正爱你、重视你的人。通过他的眼睛再审视一下自己。现在感觉如何？通常的结果是：妙极了。

转变事情竟然如此容易，如此简单。那么，你愿意通过爱的眼睛看待他人、看待自己吗？我们永远不必屈从于自我仇恨或者对他人的仇恨。改变我们的观点只需花费数秒时间。

第六章

摒弃控制欲

“人之乐，与人相交善也。”

——庄子

汉克在公司努力工作，现已是公司高级主管，手下管理着不少员工，以铁腕政策来管理公司各项事务，绝对不允许别人驾驭或控制他。汉克的父亲冷酷无情、专横独裁。常年与父亲生活在一起，汉克不知不觉中受到父亲很大的影响。每一个细节他都要亲自过问，所有事情都是他一个人说了算。尽管汉克控制他人的强制手段为他带来了不菲的收入和巨大的成功，但他与同事的关系却非常紧张，与家人的关系也岌岌可危。他很少有时间陪孩子，妻子也尽量不跟他待在一起，即使两人在一起，妻子虽然表面上顺从汉克的要求，但在情感上却表现得比较疏远。但汉克却几乎意识不到这一点，或者说他根本就不关心这个。他所在意的只有一点：一切都要由他来操控。只要能处于支配地位，他便感到心满意足。

汉克没有意识到：他已经失控了。他要过问每个细节的极端需求、与周围朋友、家人的感情疏离以及同情心的缺乏，都表明了他内心极度脆弱、无助。正是因为无法掌控和处理自身的情感，一个人才想要去控制他人。控制和支配别人给汉克带来一种假象，让他误以为自己有能力控制别人以及自己。

当然，汉克的控制强迫症最终会适得其反。你只能遏制别人一段时间，迟早，对方会揭竿而起。事实证明，妻子最终弃他而去，儿女不承认他这个父亲，他的职位也岌岌可危。某一天，当他身患重病，环顾周围，却发现自己孤苦伶仃；没有人来看望他，没有人来照顾他，他只能虚弱地蜷缩在病床上，独自面对这一切，黯然神伤。

控制的需求

对每个人来说，对自身以及周围环境的控制是最基本的需求。整个宇宙和所有生活在这个宇宙间的生物构成一个完美平衡的生态系统。暴风雨、地震、森林火灾和其他灾害的发生似乎都是为了最终恢复整个自然社会的平衡，甚至死亡都是为了旧事物退出舞台以使新的生命得以成长。如果不受外界干扰，自然环境会一直不断地生死交替，从而达到平衡。和谐与智慧最终总是占据上风。

然而，在人类生命的进程中，似乎存在一种与生俱来的恐惧——对“失控”的恐惧，这体现在各个方面。不论是身体和精神方面，还是社会和经济方面，我们都能感到对失控的恐惧。我们大部分的生命能量实际上都用来警戒自身，不断地检测自己的身体、思想、行为和人际关系，以确保一切都在掌控之中。失控意味着神经错乱、失去理智、迷失自我；失控也意味着内心强烈的愿望和情绪不能得到满足和表达，而最终爆发。实际上，我们每个人都拥有不可思议的能量——情感、愿望、希望、梦想、能力，其中大部分能量平时都被抑制，处于“受控”状态。

我们很有必要了解控制的各个方面。生活中存在健康的控制状态，也就是那种对自然的天然和谐的控制；各个方面轻松地互相协作，身心平衡，处于最佳的工作状态。当一切正常运行时，我们就处于闲适或放松状态。我们从不注重自身的肝脏、肾脏或者婚姻是否正常运行，而把这一切看作是理所当然的，只是以平和的心态忙自己的事。

如果某些事物的出现导致我们失去平衡，内心就会产生一种对失控的恐惧。此时，我们便会立即产生一种想要控制的意愿或者需要。当这种意愿成为我们生活的重心，它就会演变成为一种强迫症，我们也就活在对失控的恐惧之中。

什么才是你觉得需要控制的对象呢？你该怎么做？该什么时候做？这样做之后你有什么感觉？这样做真的能给你带来真正的安心或安全吗？或者，下次类似情况出现的时候你会越发感觉需要控制吗？当我们渐渐依赖于这种控制模式时，生活重心便开始转移，发生变化。

控制强迫症

对于长期持续的糟糕的父女关系，玛利亚无法原谅自己，也不能原谅父亲。她不知道如何做才能洗清自己的罪恶，重新感受生命的真正意义。渐渐地，每次吃过饭她就会洗手。她觉得只有这样才能洗清自己的肮脏与羞耻，才能继续做别的事情。但是没多久这种做法就不管用了，正吃着饭的时候她也会跑去洗手。很快，只要是在公众场合她都感觉不得不去洗手。这种强迫症开始控制了她的生活，只要不洗手她就感到害怕。这种强迫习惯成为她自我糟糕感觉的一种补偿行为，她不知道该怎么摆脱，也不明白：为什么洗手次数越多，反而更想去洗手。过分的强迫行为只能暂时缓解焦虑，但是从长远来看，这种强迫行为将会导致更严重的焦虑，甚至失控。

生活中存在各种各样的强迫症行为。我们觉得必须控制人际关系、金钱、时间、工作、食物、性行为、情感、行为以及生活中的其他的方面。这种强迫症，无论以何种面目出现，都是一个痛苦、扭曲、具有破坏性的行为，给我们的生活造成损害。它能引起上瘾和疾病，包括饮食失调、滥用药物、恋爱成瘾、沉迷赌博以及虐待等等。这种强迫症是由恐惧、脆弱、嫉妒、多疑等一系列因素造成的，有时愤怒也会导致强迫症（虽然这种愤怒在某种程度上对身体有益）。如果我们不知道该如何处理内心激烈的情感，就会发展成强迫性行为。

失去控制的时候，我们可能会觉得自己非常失败，整个世界和人际关系也将一塌糊涂；正是这种观念引发了我们对控制的需求。实际上，这只是许多人的一种误解。事实情况是：我们越想控制他人或一段感情，它就会越快地脱离控制。支配或控制他人，干涉他们自身的平衡和意志，受控者的自然需求迟早会占据上风，他们会想方设法重获自由。没有人可以被控制或支配一辈子，即便可以，处于支配地位的控制者往往很快就对被控治者丧失兴趣。征服他人的刺激感、掌控他人生活的优越感，这些都能引起控制强迫症。

对于控制强迫症，首先要了解的是：控制强迫症是一种信号，表明控制者不能勇敢地面对或者很好地解决自己的恐惧。他们不去找寻导致恐惧的根本原因，也不愿正视生活当中无法掌控的危险，相反，他们只想控制一切可以控制的东西。这些人意欲摆脱那种被威胁的感觉，却不知如何才能感觉更安全可靠。尽管在一定时期内，控制世界和人们、虐待辱骂以及支配或恐吓他人能让他们感到自身的强大，但这其实是一种错觉，更像是对毒品的依赖。最终，他们会发现自己比想象中的要弱小得多。

“他激励世人，不靠武力，也不靠支配而是靠真实的存在。”

——佛曰

关系控制强迫症

导致控制强迫症的原因有多种多样。有时，对于被控制的恐惧会引发控制需求。一个人可能害怕被他人掌控或支配，他不知道该如何设立一个健康的界限，认为自己无权说“不”，因此，他就通过掌控或支配他人来进行补偿，防止恐惧感出现。

关系控制强迫症在所谓的恋爱关系中最为常见。当恋爱双方关系越来越亲密，情感越来越深厚，其中一方就会患得患失，害怕失去对方，很容易被对方的言语或行为伤害。到了这种程度，有些人因无法忍受而从恋爱中抽身而退，还有些人扭转形势，转而控制对方。他们需要了解伴侣做的每一件事，跟谁说过话，去过哪里，甚至开始查阅伴侣的电子邮件或通话记录。他们强烈地渴望控制伴侣的行为，干涉伴侣的选择、朋友和家庭，甚至连伴侣吃什么穿什么都要干预。一旦伴侣不在身边，他们的脑海中就会充满各种怀疑和猜测。如果恋爱关系中出现上述情况，有些人会认为这是对方关心自己的表现。然而，事实上，这种行为已不再是关心，而是想要控制另一方的一言一行、一举一动。这种状况有害无益，会对恋爱关系产生威胁。恋人们，要当心了！

审视一下你和伴侣之间的关系，你有没有感到失控过？感到一切都不受控制，就要分崩离析？你是怎样解决这个问题的？你是如何让一切恢复平衡的？是什么让你感觉一切如常？

想一想：

在你的恋爱关系中，是不是对方在控制你的一切？你能接受这种状态吗？你害怕拒绝对方吗？你觉得支配也是爱情的一种表现吗？你应该清楚地看待正在发生的事，要明白你将为此付出的代价。

控制强迫症还有另外一种表现方式。恋爱中的一方会变得容易暴躁，言辞尖刻，使另一方不知所措，感到惧怕。这类人会竭尽所能地批评对方，伤害对方的自尊心。他们以为，如果伴侣自我感觉不够良好或者感觉不够招人喜欢，就不会离开自己去找寻新的伴侣。这样的话，伴侣就会更加依恋自己，更容易控制。令人遗憾的是，这些由恐慌和控制强迫症引起的行为往往会导致各种虐待。

施虐者在恋爱关系中采取非正常的、破坏性的手段，目的在于要竭力避免自己脑子里想象出来的痛苦的结局，却不知痛苦的结局恰恰是自己的不良行为造成的。另外，控制型和专制型施虐者从来不曾意识到：要想恋情持久、满意、温馨，给人留下深刻的印象，情感的付出必须是双方面的。恋爱双方的自然需求和心理平衡都要得到尊重和照顾。要想做到互相尊重，坦诚的交流沟通和基本的信任是必须的。如果其中一方被控制强迫症支配，双方就永远不可能达到互相信任的生活状态。

对每个人来说，了解自己在这方面的能力至关重要。有些人想要被对方控制，允许对方支配自己，默许对方作出的任何决定。你要明白，这是非常危险的。你这样做的时候，不仅加重了伴侣的控制强迫症，也抹去了你存在的印记。你个人的感觉、需要和价值观将不被重视，由此而产生的怨恨情绪深埋心中，迟早终会爆发。最后，这种怨恨情绪常常发泄到伴侣身上，但更多的是影响到你自己。

“除非人类可以让步，放手所谓的钢铁意志，不再否定生命的存在，否则他将永远不能回归自我，发现真正的福祉。”

——亨利·米勒

健康控制与非健康控制

处于控制地位是一回事，想要控制和缺乏控制却是另一回事。如果受制于控制强迫症，我们就会觉得失控，进而想要处于控制地位。如果我们处于控制地位，却并不专注于控制别人，而是关注自身、头脑清醒、生活平衡，便能明白自己的生活和人际关系在哪里出了毛病，并使用恰当的手段使之恢复平衡。有时，可能仅仅是一句话、一个眼神或者一个简单的手势就能够补救或者避免困扰。

了解健康控制与非健康控制的区别非常重要。要想拥有健康的控制状态，我们必须容许时不时出现的失控，偏离轨道，失去平衡。据说飞机驾驶员在飞往目的地的过程中有99%的时间都是偏离航线的。他们需要不断地调整飞行航线，考虑诸多因素，比如风力、降水、高度、气流等各种各样的飞行条件。飞行员不能强迫自己控制飞行航线，如果那样的话，他就不能在航程进行过程中灵活地判断飞行条件的变化，也无法适时调整航线，无法安全抵达目的地。如果飞行员能够专注于自身，头脑清醒地应对周围发生的事件，就能够明白什么才是最需要做的；这就是我们所说的健康控制。

这种说法同样适用于我们的生活以及我们与他人的关系。一旦陷入控制强迫症，我们就会脱离日常生活中自然的互谅互让，不再关注变化的形势，也不关心伴侣的反应，不考虑他们到底想从我们身上得到什么。我们与自身的关系亦是如此。当我们不断监测和控制自己，强迫自己做某些事，以特定的方式进行饮食、讲话、穿衣，实际上已经远离健康的平衡状态了。我们在自身内部植入了一种疾病因子，企图以此获得他人的认同，控制责难和恐惧。

与他人的关系（包括与自身的关系）是一种舞蹈，需要灵活性、开放性、认识力和主动性，它不应该受制于我们的恐惧或寻求认同的需要。只有那些学会如何摆脱控制强迫症，相信生活的自然节奏与和谐，进而认识到无畏的人才能体验人际关系中最深切、最美丽、最健康、最神奇的人生经历。

---

*你与自身**是什么关系呢？**你相信自己可以自然地生活吗？你明白自己内心的需要和愿望吗？你对生活的每个时刻都有苛刻的期望和要求吗？你严厉地对待自己、惩罚自己、强迫自己适应那些消极环境吗？*

如果答案是肯定的，你可能与自身存在一种虐待型关系。

“保持自我，这是你所能做的一切。任何别的都是误入歧途。”

——巴格万·拉尼夫

操纵和控制：权威人物

最为致命的控制是那些我们还未意识到的控制形式。它们进入到我们的潜意识中，在不知不觉中对我们产生影响，甚至会引起更严重的后果。有时，我们知道自己感觉不安或者害怕，却不知道为什么会这样。威胁和操纵在我们不知情的情况下已经渗入到我们的身体内部。我想再强调一次：彻底解决这个问题的第一步就是首先要**意识**到发生了什么事。**一旦认识到这一点，**我们就能够**辨别和选择**是否愿意让那些具有消极影响的建议、信仰或者人及关系进入自己的生活。

大多数的操纵是在不知不觉中发生的。要想开始拔出这种毒草，我们必须认识到自己是如何被操纵的；什么时候最可能被控制或感到害怕，从而顺从于某种威胁自身的力量。

权威人物：有些人喜欢并需要生活中存在各种各样的权威人物。这能产生一种安全感，就好像在某个地方有某个人知道什么是真善美，知道我们应该选择哪个方向；他知道哪种生活方式最好，哪种药最有利于身心健康，该和什么人结婚，该避开什么人。他甚至确切地知道我们该怎么做、做什么才能让生活更有意义，死后升入天堂。这个权威人物让我们逃避了应有的责任，双脚浮在空中，脱离现实，而我们也乐得免于费力寻找自己的答案。

在我们的脑海当中，这个权威人物可以照顾我们，或者可以拯救我们。他拥有我们所没有的力量和权利。显然，这是一个孩子看待父母的角度。小时候，我们尊敬父母、崇拜父母，父母在我们眼中的形象经过理想化而变得异常高大；所以我们觉得他们能够一直照顾我们，没有父母的生活将无法想象。不过，随着年龄的增长，我们这种需求本应慢慢降低；然而，它很多时候却没有降低。很多人并未完全成熟，无法辨别交往之人的优缺点。许多人还不能或者说不愿寻找属于自己的道路并勇敢地走下去，成为自己的权威人物。至于如何去做，下面这句话就是一个绝妙的诠释。

> “不要让别人的头脑来指挥你，难道你自己的头脑有什么问题吗？”
>
> ——千崎如幻

尽管权威人物的指导可能令人感到宽慰，但我们或许会为此付出巨大的代价，因为那些看似得到的安慰往往会变成生活中的障碍。一旦我们把某个人看作权威人物，把特殊的权利、知识、天赋归功于此人，实际上是把他当作了一个偶像，盲目崇拜。我们期望他一直是自己心目中的英雄，期望他能承担父母的责任，这就造成了一种不平等关系。每个人与生俱来都渴望英雄，我们渴望有一个人可以让我们敬重、钦佩和尊敬。如果这种情感是健康的，那么这个人就会成为我们的灵感和榜样；如果这种情感不健康，过度的崇拜会使我们极端地依赖此人，把他当成我们的一切，从而产生一种虚假的安全感。我们会固执地相信，只要这个人还存在于这个世界上，就能解决所有问题，保障我们的安全。在内心深处，我们假定此人更高、更好、更强，离上帝更近。

不幸的是，我们却要为此付出极大的代价。一旦双方处于不平等地位，我们就会自愧不如，变得异常软弱，忽视自己与生俱来的能量。我们不依靠自己内心的智慧，反而需要得到权威人物的认同，于是，我们逐渐不再重视自己，缺乏自信。更糟糕的是，我们可能会放弃那些自己一直知道并真实感觉到的东西，以迎合此人，或者迎合某种信念体系（这种信念体系也可能成为我们生活中的权威）。

不用说，如果被这种力量控制，我们自然便很容易被其操纵。被问及为什么从事恐怖行为时，很多人这样为自己辩护："我们只是在执行命令。"他们的最高价值观就是遵照权威人物对他们的要求，即便这个要求意味着反对全人类也无关紧要。这些人已经失去了自身的人性以及辨别是非的能力，只懂得盲目服从，这也许是出于恐惧，也许是因为他们已经迷失了自己。

如果我们盲目地追随权威人物，把所有的期望寄托在此人身上，就会迷失自我。我们不再依靠自身的力量、智慧、勇气和审美观，却转而指望他人，拜倒在他们的脚下，把他们美化成不真实的人物，自己却成为幻想的奴隶。这种情况相当危险，因为这种源于恐惧的幻想会引起更大的恐惧。

"依附于任何系统，或者任何个人，都是急于摆脱生活的表现。"

——亨利·米勒

谁是你生活中的权威呢? 为什么？是什么让你把他们置于这个位置？你为什么需要他们？他们拥有哪些你缺少的品质？你愿意获得这种品质吗？你拥有哪些他们可能缺乏的品质呢？

钦佩一个人是一回事。你希望他能教导、启发自己，指引、照顾自己，这种心理合乎常理，也会给我们的生活带来益处。在工作场所中，和德高望重的人互敬互重、和谐相处非常必要。但是，使他人成为你生活的权威，让他们控制你的思想、选择、决定和行为却是另一回事。这样做的话，你实际上是放弃了自己，放弃了与生俱来的权利。是你自己把脚下的石头抽了出来，却还不知道自己为什么站不稳。这种做法还有一个更加危险的后果：你在主动邀请这些权威人物来操纵你。

认识到这一点极其重要。当我们把某些人当作自己生活中的权威人物时，就会觉得自己如果不按照对方的要求，不服从他的意志，不遵循他的信念或习惯，不仅会犯错误，还将面临危险。他如果拒绝、离开或者抛弃我们，就没有人供我们仰望，没有人来照顾我们。此时，这个人完全掌控并操纵了你的安全、力量和幸福。现在是时候扭转局面了。重获你的力量和智慧，展示你的能力，证明你自己！

你信任什么呢？ *在紧急情况下需要帮助的时候，你会求助于什么或是向谁求助呢？谁或者什么从来没有让你失望过？你会求助于自己吗？你知道该怎么做吗？你曾经尝试过吗？现在请试着求助于自己。一旦发生什么事，当你第一感觉想要求助于他人时，请转而求助于你自己。坐下来，问问自己该做什么，什么是正确的，现在正在发生什么事？等待、聆听自己内心的答案，不管想到什么，把它写下来；再次聆听内心真正的想法，最后，实施清单上列出的事情。在实践中检验你得到的指导信息，从你的行为后果中汲取经验，然后再次尝试这种做法。你越是这样做，就能在展示自身能力的过程中获得越多的信心。*

我们能够给予他人最好的礼物是帮助他们认识到自身强大的天赋、资源、勇气和力量。那些想要拿走这些礼物的人、那些想要你把他们当作权威的人，都不是你真正的朋友。你越是把自身的力量强加在他人身上，就越不能要求他人为你做事，也就越不能在日常生活中充分利用他人的能力。你为什么要放弃这些强大

的资源呢？你为什么不想要他人为你所用呢？

现在，我再重新讨论一下恐惧对我们生活的控制。我们害怕作出选择，害怕承担责任，害怕直起腰板，被人看到，被人知道，被人听到。我们担心会犯罪，会犯错。这就是恐惧的声音，它已经掌控了我们的生活。

我们应该明白： *没有什么错误比放弃我们犯错的权利更大了。*

如果我们把某人当作自己的权威，甘愿受制于他，恰恰中了恐惧的诡计。这只会让我们更加脆弱，产生更大的恐惧。我们越是献媚他人，服从他人的意愿，盲目地为他人服务，最终认清其面目时就会愈加震惊和失望；许多人往往都是这样。当我们发现自己心目中的偶像只不过是个普通人，也有缺点，也会犯错，也有烦恼；喜欢操纵他人、追求权力，整个世界便会轰然倒塌，化为一片废墟。有些人会因此而万分痛苦，无法继续生活；还有些人会迁怒于这些所谓的权威人物，花数年时间怨恨他们，试图揭露这种欺骗行径。毋庸置疑，所有这一切不仅在浪费我们宝贵的生命，而且使我们感到心烦意乱，不能体验生命中真正的快乐和充实的生活，不能充分利用我们自身珍贵的礼物。我们把自己拴在金锁链上，却不知道自己是如何被困的。

宗教和精神虐待

在我们生活中的某个领域，一旦权威人物处于支配地位，恐惧、控制和操纵便会肆意妄为、无法无天，这个领域就是宗教和精神领域。这对很多人的生活都非常重要，在当今世界也十分普遍，所以必须要在这里解释清楚。许多宗教系统中不仅充斥着各种权威人物，还存在许多不容置疑的权威文献。一旦有人胆敢质疑权威，将会受到的严厉的惩罚。恐惧在这里肆虐，害怕人们探寻未知事物，害怕人们不相信被灌输的信念，不愿无条件地服从。

既然说到了宗教和精神领域，就不免要提一下我们生活中最基本、最原始的需求、渴望、恐惧和疑虑。我们殚精竭虑，试图认识并解决每天都面临的生命的疑团和无休止的挑战。人类需要生存的意义，没有意义人类将无法生存。所有的宗教和精神行为的目标基本一致，那就是，希望在对空虚、失望、疾病、失败、死亡和未知世界的恐惧中找到一条出路，帮助我们感受那些较之我们更为强大的力量，从而获得内心最终的安全、宁静与和谐。对所有人来说，这是无论如何都要经历的一段重要的、关键性的旅程；只有这段旅程才能帮助我们最终迈向生活的意义和满足，并摆脱恐惧的控制。

由于这段旅程具有重要意义，因此它常常受到其他力量的干扰，或被权威人物利用，被歪曲成由恐惧导致的经历，包括一定程度的操纵和控制。许多人成为宗教或精神权威后，就更加渴望、依赖并享受那种高高在上、主宰他人生命的权力。这些人常听歌功颂德的话，因此，会轻易地自命不凡，以为自己拥有神的力量，超然于凡人，可以做任何想做的事。然而，如果你近距离观察就会发现，这些宗教和精神权威的许多行为往往与其坚决捍卫的信条和教导自相矛盾。任何人受到以宗教或精神行为为名的伤害、羞辱、惩罚、排斥和侮辱的时候，这实际是操纵和控制的结果。这根本不是真正的修行，而是精神上的虐待。

受到权威人物或不容置疑的教条式信仰和文献影响的个体实际上并未真正经历这段精神之旅。在最极端的情况下，这些系统已经被那些企图利用它们对整个世界施加权力和恐怖影响的人所控制。

然而，如果我们收回这些人物的权威，不把他们当作宗教权威，而是流氓、骗子、疯子或权力欲极强的人（他们通常的表现正是如此），就已经在解开束缚我们锁链的过程中迈出了一大步。我们已经重新获得了真正精神修行的丰富性和治愈力量，这正是当前迫切需要的，尤其是在恐怖统治了我们的生活和整个世界的时候。

你的精神修行是什么？你如何处理生活中那些最原始的问题？你什么时候开始不依赖答案？这种修行尊重你、给你提供探索和成长的机会吗？或者，你只是在盲目地服从和配合？

解开金锁链

在迈向无畏的道路上，我们必须解开把我们和无情的权威、教条式的信仰与盲目的顺从束缚在一起的锁链。这并不是说顺从必然是消极的，如果是我们自己选择愿意顺从的对象，那就另当别论。但是，强加到我们身上的盲目服从，使我们不能亲身探究和决定的教条式信念，已经成为束缚我们的锁链，使我们艰于视听、拙于辞令。我们是在贬低和怀疑自己真正的传统、思考的头脑和敏锐的心智。拒绝为作出的选择和发生的行为承担责任，只会遵从所谓的权威和教条式的信念。这样的生活不仅使自己被痛苦包围，也会不可避免地给他人带来痛苦。

解开这些金锁链的第一步就是重新获得选择的权利。圣经这样教导我们：

选择生活

选择的能力是上帝赋予我们的一个珍贵的礼物。我们通过选择承担责任。甚至有人说，我们生活中面临的所有困难都是上帝给予我们的，只有历经这些磨难，我们才能培养选择的能力。选择决定我们的性格，我们是选择的产物。随着时间的推移，世事发生变化，我们逐渐成长，而作出的选择也会随之发生变化。

---

*你在生活中作出的***主要选择有哪些？***这些选择产生了什么结果？它们令你满意吗？你希望可以重新选择吗？你觉得你可以重新选择吗？现在就重新作出选择，选择那些能带给你益处的，按照自己的意愿进行选择，选择依靠自己、脚踏实地、睁大眼睛、竖起耳朵、认真思考。*

大多数时候，我们的生活中规中矩、一成不变，便往往觉得自己是他人，是平凡、必要性或命运的牺牲品。然而，我们每天都面临着各种选择。新的选择就像植入我们生命土壤的新种子，它们需要营养和照料。我们必须照料它们，给它们浇水、除草。之后，这些选择早晚会生长开花，结出的果实将是新的机遇和形势，以及勇气和爱的表现。

今天你作出了什么选择？*你知道自己必须作出选择吗？你是以惯常的、自然的方式作出回应，还是在深思熟虑之后按照自己的喜好进行选择呢？你的生活是自己选择的吗？你选择了友善吗？*

你选择了付出努力吗？你选择了真诚的沟通吗？你选择了竭尽全力去付出、去回应吗？

我们越是独立地作出选择，就越不需要某个权威人物为我们作出选择、替我们决定、为我们生活中的问题提供他们的答案，也就越不会为权威人物所用而迷失在他们编织的幻想中。

---

*你生活中的主要权威人物***什么时候***做错了呢？你允许自己承认这一点吗？你允许自己睁大双眼、找寻真相吗？*

仔细观察*这个权威人物，列出他/她的缺点和优点。他/她想从你身上得到什么？然后列出你想从他/她身上得到什么。现在，选择一下你想专注于对方的那些特点。你要认识到：每个人都具有很多才能，要看你更注重哪一点。*

"我们目前最迫切的需要不允许我们墨守成规。"

——禅林句集

我们不仅拥有选择这个礼物，另外还拥有语言和听觉这两个珍贵的礼物。它们都是我们走向无畏、解开锁链过程中强有力的工具。我们巧妙地运用了这些工具吗？我们完全利用了这些工具吗？我们是否真正地表达了自己内心的想法，是否主动提出自己的需求，是否知道如何聆听并听取意见吗？我们是否已经准备好与他人进行交流，还是根据权威人物设定的教条式信念和规则对其他一切置若罔闻呢？

交流沟通

许多操纵和控制都是通过狡猾的、欺骗性的交流沟通进行的。往往一个人说一件事的时候，实际上指的是另一件事，因此，我们会感到迷惑，不明白到底是怎么回事，于是，在迷惑混乱中，我们不知不觉就被削弱和操纵了。有些人许下承诺，却不履行；滔滔不绝，却没有任何实质性的内容。我们被那些了解我们最迫切需求的人所引诱、嘲笑和玩弄，却不知道如何得到解脱，任由对方随意摆布。对于交流沟通这个话题，人们已经谈了许多，甚至我们还没有开始说，就已经沉浸其中了。然而，为了过上无所畏惧的生活，我们必须真正了解交流对我们的影响，必须认真对待我们对坦诚、明确交流的迫切需求。

人与人之间存在各种各样的交流沟通形式，有些交流给我们的生活带来健康和快乐，而有些却让我们徒增痛苦，以各种方式控制、破坏我们的生活。有些人周围的植物生长茂盛，而有些人周围的植物则枯萎死亡。原因何在？植物不需要理由，它们也不会开口询问，它们只懂得成长或者死亡。人类尽管有思想，却也像植物那样，在不同人的周围茁壮成长或黯然凋谢。开始注意到这一点十分重要，在和他人进行交流沟通时，我们要聆听自己内心的声音，并注意沟通方式。

我们往往被教导应该如何对各种形式的交流沟通进行回应。通常情况下，我们应该由于某个人的优点而喜欢他，由于他的缺点而厌恶他。但事实上，事情不会按照我们所期望的方向发展。在内心深处，我们喜欢所谓的坏人，在所谓的圣人周围却并不感到快乐。这正是因为基本的交流沟通在起作用，我们内心能够感知周围发生的一切。

交流沟通有许多方面，我们以不同的方式交谈、倾听。首先是我们讲的话，在语言背后是我们的身体语言，它们传达的是微妙的信息和行为。我们如何站立、就座、移动或用动作示意？我们如何着装？我们的口气如何？这一切都互相一致吗？事实往往并非如此。

许多人都抱怨别人不理解他们。妻子抱怨丈夫不愿交流，雇主抱怨员工不服从命令，各个家庭也有其复杂的交流沟通方式。有些人则竭尽全力不让他人获知事情的真相。

世界上有多少人，有多少种不同的倾听和被倾听的方式，就有多少种不同的交流沟通方式。对有些人来说，他们生活的全部目的不是与他人进行交流沟通，而是掩饰、隐藏或者带上面具。这些人把交流沟通视为一种控制的手段。不愿交流其实也是交流的一种形式。

“这里不存在有没有天分的问题，只有给自己交流机会的人和一味保留意见的人。”

——布伯

但是，所有的伪装最终都会真相大白。无论在与他人交流沟通时采用什么样的伪装，我们内心的声音总会在不知不觉中表露出来，并且总能得到回应，绝不可能出现第二种情况。

你**什么时候**和他人进行充分的交流？你最愿意和谁进行交流？你不愿意和谁交流？为什么？这两个人有何不同？请留心一下你在这两种不同情况下的感受。

从某种程度上讲，每个人都清楚究竟发生了什么事。有些人

愿意就此进行直接沟通，有些人则不愿意。绝大多数情况下，我们之所以害怕“说出真相”并不是害怕别人，而是在担心自己。真正的问题是：我们愿意坦然面对真相并与他人分享吗？如果我们愿意这样做，就已经开始摆脱控制强迫症的掌控了。

“一个人如果全心全意投入工作，并尽力做到最好，就会感到安心和愉悦；但一个人如果言行不一，就无法获得平和的心境。”

——爱默生

认真审视一下自己，你愿意进行开诚布公的交流吗？或者你宁愿语带嘲讽、含沙射影？这需要你自己作出选择。

想一想：

你想知道事情的真相吗？你能从一段真诚的感情中收获什么呢？面临的困难是什么？

不要匆忙地掩饰这些问题，它们十分重要，但却没有一个放之四海而皆准的解决方案，不同的情况要作出不同的反应。

无论你作出什么样的选择，请一定忠实于自己的内心。否则，你不仅是在和他人故弄玄虚，自己也会被搞得晕头转向。

故弄玄虚

故弄玄虚是另一种形式的操纵和控制。不幸的是，这种手段十分常见。故弄玄虚指的是一个人有意或无意地混淆、迷惑或否认他人的情感和看法。这种交流沟通方式蒙蔽了我们的眼睛，使幸福离我们越来越远。从本质上说，这种方式有害无益，它往往是虐待型关系中一个重要的部分。

被迷惑的对象觉得自己似乎悬在空中，脚下没有坚实的基础。他们可能会同时接收到两种不同形式的交流沟通，可能会同时听到语言表达以及非言语或相反行为的表达。接受这种沟通形式的人不知该对哪种信息作出反应。这种交流沟通往往导致麻痹、瘫痪以及和深深的恐惧。这是让人（包括我们自己）发疯的最好方式。

每个人都需要被人了解、倾听和尊重。如果我们拒绝各种使人困惑的交流和令人费解的信息，就知道应该如何回应，也不会受到控制和操纵。重要的是消除那些令人费解的信息，对正在进行的交流沟通作出回应。我们不仅必须学会聆听言语，还要学会倾听交流中的感受。有人说，交流沟通的最终目的是看你如何回应。

---

*不要使用语言，***表达***“我爱你”；同样不要使用语言，***表示***“走开”。用言语表达一件事，而用肢体语言表达与之相反的意思。*

花些时间做这样的训练。十分重要的是，我们应该知道自己一直以来都在进行相互矛盾的交流沟通，它不仅影响了别人对我们的回应，也影响着我们自身的幸福。

看看你在和他人进行交流时是坦诚相待，还是刻意隐瞒、混淆或故弄玄虚？你想传达的暗含信息是什么？

我们与他人交流的目的多种多样：可能是为了表达情感、倾诉烦恼，可能只想传递某种信息，可能不得不传递某种特定的信息，也可能是为了影响他人，控制或引出某种回应。真实的意图不一定要用言语表达，同样的言语也可以传递不同的信息。有人说，交流时只要注意到对方的反应，我们就能判断出自己的真正意图。

人与人之间的关系

我们跟别人说话的方式承载着谈话的全部内容。对方回应的可能不是我们的言语，而是我们看待他们的方式。毫无疑问，无论我们正在说什么，其实都在传达一种信息，那就是，对方对我们意味着什么，他们在我们的生活中充当什么样的角色。

如果我们并不看重对方，与其说话的时候就会只把他们当成一个物体，好像他们没有自己的感情，他们的存在只是因为我们与其交流这个目的。这是一种以冷漠的方式进行的没有个人情感的交流。（有些人说“我爱你”就是采用这种方式。）

在这种情况下，我们谈话的对象会感到索然无味，觉得自己被人发号施令、严词训斥，甚至任意摆布。在严重的情况下，他们甚至可能觉得自己所有的生命能量似乎都在渐渐流失。有些老板就是以这种方式对员工讲话，好像对方根本不是一个活生生的人，而只是用来达到其目的的一个物体。

这种交流沟通销蚀了我们的生命和热情，无法带来健康或快乐。对方会觉得自己无关紧要，而事实是，在你的世界里他们的确无关紧要。但是，我们还可以用另外一种方式与他人说话。在这种情况下，我们必须充分认识到，对方也是活生生的人，他们完全有权拥有自己的情感，因为这些感情是其产生独特回应的基础。我们要承认对方的存在和与众不同，意识到他们的存在不是为了满足我们之个人目的。

按照这种沟通方式，我们就能容忍他人与我们的分歧，也能够给对方留下足够的时间和空间以便他们以自己的方式表达内心的想法。如此一来，这种关系才能发展成为双方真正的对话。

在第一种关系中不可能进行真正的沟通，我们只是把对方当作一个物体来满足自己的需求；在第二种关系中，我们敞开心扉接受那些不同于我们的东西。由于结果完全不可预测，这种交流方式可能会让我们感到不安，觉得会发生一些无法控制的事。但实际上，在这些情况下最可能产生真正会面的机会。

对于应该成为什么样的人，大多数人设定了一些不可能达到的标准。随着这些虚假的标准逐渐消失，我们开始更多地接触到生活的真相，并能更好地掌控自己的生活。事实上，我们开始了解到自己在多大程度上可以成为他人及自身的真正朋友。

“有时，只要我们拥有坦然接受生活的权力，宁静就会深入我们的内心，使我们成为一个整体。”

——爱默生

真正的会面

有时，我们表现得十分勇敢，对正在发生的任何事情都能坦然接受，完全放开控制，允许生活和周围的人维持他们本来的状态。我们甚至可能完全根据自己内心的真实想法来表达意见，内心拥有自己的语言。尽管通常情况下我们会极力抑制，但内心的声音总是渴望被人倾听，有时，它突然自己会冒出来。于是，真正的会面就产生了，我们能够直面自己。

直面自己可以让我们回归自我。如此一来，我们便不再感到困惑，不再需要控制，不会感到茫然失措、孤独无依，疏离感也渐渐消逝，我们所看到的就是完整的自己。

真正的会面完全是自发的，它可能只在某一时刻发生，也可能会持续一段时间；它可能发生在两个人之间，也可能发生在一个人和天空、岩石、小鸟，甚至歌曲之间。我们不能强求真正的会面发生，却可以学习如何促使它发生。

首先，我们必须了解，要发生真正的会面需要什么条件。最重要的因素是两个真实的人，愿意在某一刻坦诚相待。这就意味着，在某个特定时间，双方都愿意放弃想要控制他人、利用他人达到利己目的的需要。

此外，双方还应忘记自我肯定。在那一刻，他们必须忘记想要从对方眼中看到赞美，忘记需要感觉自己的重要性、正确性以及优点和特别之处。他们只需心甘情愿地忘记恐惧和自我保护，愿意时刻面对自己，允许任何事情顺其自然地发生。他们甚至可能会忽然发现，其实什么都不需要保护。这种会面对自身是一种极大的解放。当它发生时，有些人会放声大笑，甚至喜极而泣。

许多人在某个时刻都曾有过这样的经历，这是每个人与生俱来的权利。为了充分体验这种互动，我们需要提前做好准备，恭候它随时到来。

马丁·布伯在其著作《人与人之间》中精彩地描写了这样的情形。这本书讲述了两个陌生人于傍晚时分在一个无人的站台上相遇，等待火车的到来。他们互相一无所知，其中一个人一直在读报纸。火车进站了，两人踏上火车，坐下来，仍旧不发一言。

忽然之间，其中一个人的思想完全涌进了另一个人的思想中。此时，两人就互相了解了对方的一切，感觉像亲近自己那样亲近对方。虽然一个字也没有说出口，但两个人的心灵却已完全敞开，进行了深入的交流沟通。

布伯说，这就好像咒语解除，我们平时刻意抑制的那一面获得释放，从而促进了真正的会面发生。

在我们学习摆脱控制需求的过程中，正是这种互动最为有效、最令人满意。开始准备之前，我们必须首先弄清楚前进的道路上有什么障碍，了解我们的观点、需求、判断、谎言和意图是如何让我们控制别人，如何排除这种可能性的。

想一下：

看看你愿意和谁成为真正的朋友？为什么？你愿意接受他身上的什么特点？他有什么你觉得无法接受？你自己呢？你愿意接受自己什么样的品质？你无法接受的部分又是什么？你是如何解决这种冲突的呢？你所做的有效吗？看看你内心所不能接受的那些部分带来的冲突，有可能和解吗？

如果我们感觉对方没有用心倾听，或者感觉对方在评判我们所说的一切，双方就很难进行交流沟通。往往我们以为自己在倾听的时候，实际上却并没有听到对方说的话，而只是听到了自己对对方的回应。有时，对方只是引发了我们的幻想，而我们却根本没看到他是谁。

请注意：

你在评判对方吗？这些评判阻碍了双方的交流和沟通了吗？你是否觉得必须要表达自己的意见？（这不是倾听，这是威吓。）你想要通过沉默和沉思给对方留下深刻的印象吗？（这不是倾听，这是想要引起他人注意。）

你能够赦免口口声声说是为了你的需要却想方设法满足其私利的人吗？有没有可能无论对方说了什么你都能接受他呢？

有人真正倾听你的想法、认同你的观点，这种经历非常罕见，却又极其美妙。真正去倾听他人的想法同样如此。当我们慢慢学习放弃控制，愿意进行真正的会面，就迈入了交流沟通的另一个层面，有人称之为共融。它指的是与那些高于我们的力量进行交流沟通。在共融的过程当中，我们只是在对方的面前存在，无需任何多余的言语和行为。在这个过程中，我们渐渐能够完全接受发生的任何事情。这为相关的所有人都会带来最深切的安慰和欢乐。在这种状态下，恐惧完全销声匿迹，我们也根本不需要控制。

结尾：练习

放弃控制强迫症

这项训练是迈向无畏的旅程中最重要、最有效的一个步骤，非常简单。在这项训练中，我们静下心来，留心注意自己想要控制某个人、某件事、某种感觉或某种情况的欲望。我们完全体验这种欲望，然后轻轻放手。可以把它深深呼出体外，看着它慢慢飘离，感谢它曾经为我们服务，或者只是感受我们不再控制那个人、那种情况、感觉或希望的意愿，让所有的一切在那一刻维持原状。随着控制的欲望渐渐远离，有些人深深地松了一口气，有些人面露笑容，有些人放声大笑，而有些人则慢慢放松。

虽然你可能会觉得摆脱控制的欲望会使你更加害怕或软弱，实际情况却恰恰相反。你会感到一切都在掌控之中，回到了原始的中心，感觉更有力量。现在你是在河流中毫无戒心地畅游。对有些人来说，说是上帝或宇宙来接管他们会更容易接受；还有些人希望看到自己敞开心灵和思想；另外一些人觉得自身脱离了隐藏在控制渴望下的恐惧。摆脱控制的欲望也可以通过身体来感知，一个人可以从内心感受到控制的渴望，然后释放这种渴望，把它看作是能量消逝。

这项训练需要再三实践，这一点很重要。每当出现你想要控制的事情，请果断放手。开始的时候这需要特别集中精力来做，过一段时间就变得很自然了。有些情况下，控制的欲望很容易就被平息；但在有些情况下或在某些人际关系中，可能会稍微困难一些。所有这一切都需要实践。在这个过程当中，你会获得新的力量，找到一个不同的视角来看待他人以及整个世界。

你越是放开控制的渴望，就越能消除“非健康的控制”，并且能够得到平衡，进而体验健康的控制。随着这一进程的继续，你将不仅变得更放松、更开放、更信任他人、更足智多谋、更具创造性，还将会发现新的机遇以及进入你生活中的优秀人才。非健康的控制只会让你退缩，使你远离那些具有建设性的、充满爱和欢乐的人或物。如果你能摆脱非健康的控制，前进的道路上将会满溢充足的营养。

“如果你想要被人拥抱，请先松开自己的手。”

——鲁米

至理名言

你越能放得开，就越使得那些属于你的最终回到你这里

爱默生说过，有一条磁场自然定律会为每个人带来属于他的或者对他更有益的东西。我们越是停止控制生活，就越能接受它、尊重它并且欢迎它。我们的生活将充满内心的宁静，生活也将赐予我们更多的礼物。

第七章

发掘完美的自我——与世为善

“成长过程中的各种诱惑塑造了今日的我们。”

——梭罗

马修是一个竞争心强、雄心勃勃的年轻人。在篮球队里他是最棒的球员，总是比其他球员进更多的球。随着年龄的增长，马修不断挑战新的高度，在班里要做第一名，要进最好的学校，要和最受欢迎的女性约会。如果因为某种原因使他的地位受到威胁，他就会气愤不已，加倍努力，发誓要胜过对手。从法学院毕业之后，马修进入一家公司上班。他夜以继日地工作，把目标瞄准那间最大的办公室，并且不断地把自己和每一个人比较，时时处处都把别人当作竞争者。不管对方是谁，只有战胜了对手，他才会善罢甘休。

毋庸置疑，发奋努力、挖掘自己的全部潜力、品尝劳动带来的胜利果实、因充满意义的成就而感到自豪，这些都是健康的情感。但是，马修的快乐却并非来源于他所做的事情，而是来自于他是胜利者这个事实。他说，对他来说做什么其实并不重要，重要的是他是最棒的。一旦有人和他同样出色的话，他就会想方设法、不遗余力地建立自己的优势地位。他对自我的全部感觉和自我价值感完全取决于这一点。

虽然马修感觉自己在任何方面都是个胜利者，但实际上他的生活方式十分脆弱，不堪一击。他终日生活在恐惧之中，感受不到生命的价值，除非他是最好的。毫无疑问，迟早会有另一个人和他同样优秀，那时，他虚假的自我感觉就会瞬间崩溃。随着岁月的流逝，马修的体力和精力会慢慢衰退，运动场上最终会有比他更年轻的人更出色，工作场所也会出现一些技能更好、想法更棒的同事。他不仅没有办法在这种强大的压力下继续生活，也没有意识到，生活在这种方式下，每个人都成为他要打败的对手，没有一个人是他的同事或者朋友。

当我们不断地拿自己与他人比较时，当我们只有通过做得比别人更好、在权利斗争中取得胜利、在竞争中打败对手才能发现自我价值时，其实我们的生活已经充满了恐惧。我们不停地评价自己的表现，却完全没有意识到这种方式会给我们带来伤害和毁灭性的后果。这时，其他人只是我们要消灭和征服的对象。这种行为完全不顾他人的幸福，更不用说友善的态度了。不可避免的是，这样的生活会导致极度的孤独和空虚。马修从未品尝过信任、友谊或爱情的甜蜜滋味。他没有朋友，也无法成为别人的朋友，不能享受生活，他只在乎自己，关心自己想要追求的东西。

匮乏的意识

想要优于别人渴望源于优胜劣汰这种原始需求。按照优胜劣汰这一原则，我们的供给是有限的，一个人要么杀死别人，要么被别人杀死，每个人都尽可能夺取一切能让自己生存下去的物质，只有那些适应力强的优胜者才能得以生存。当个体被卷入这场争夺战中，他们就必须遵从弱肉强食的丛林法则，不是你死就是我亡。他们衡量成功的尺度就是可以从他人那里获得多少物资，或者是否在争夺中取得胜利。他们认为，无论别人得到什么，都意味着留给自己的东西更少了。爱、食物、金钱和赞美极度匮乏，供应有限，因此，抢夺的战斗将一直持续下去。然而，无论一个人获得多少，他永远也不能获得真正的奖励——那就是平和的心境。

如果我们具有匮乏的意识，往往会害怕匮乏、损失、贫困和饥饿，觉得没有足够的爱、赞美、成功、金钱、朋友或者支持。我们完全忽视了宇宙是如此的庞大和丰富，可以不断地给自身补充新的能量，并且供应会更加充足。事实上，人类从来就不缺乏任何形式的赞美、成功、关系和供应。如果某个人得到了什么，并没有谁会因此而缺乏什么。所有人都有充足的供给。但陷入匮乏意识中的人却不这么认为。他们把自己骨子里的空虚和掠夺意识折射到整个世界，每个人都成为他们的竞争对手和威胁。

克丽参加了一个接一个的单身派对，下决心要物色一位出色的丈夫。一踏入派对大门，她就会仔细审视派对里的其他女性，仔细打量一番，暗暗把自己和她们进行比较，然后很快就把目光转向派对里的男性。无论派对里有多少男性，她眼里只会看到那么一两位，然后就会把目标锁定在他或他们身上。战争就这样开始了，而克丽肯定不会是输掉的一方。在她审视别的女性的时候，就已经断定，自己才是最抢眼的一个，身材最苗条，容貌最俊俏，舞姿最曼妙。实际上，她对面前的男性是谁根本不感兴趣，她在意的只是能否击败别的女性，和最优秀的男士约会，得到他人的艳羡和赞美。

当然，即便克丽设法吸引了她所中意的男性的注意力，他们的关系也必然不会长久。因为克丽从来没有真正关心过对方，她只是在爱情的战争中暂时领先。她从来没有真正认识到，爱情并不是战争。更重要的是，起初爱慕她的男性渐渐发现了事情的真相，便会以最快的速度从她身边逃掉。

平和的心境和无畏的体验并不意味着在任何事情上都胜过他人，它们源于采取另一种不同的视角：了解自己是谁，我们为什么在这里，我们从哪里来，我们与兄弟姐妹相处时需要什么。那些渴望优于他人的人往往被幻想和恐惧支配，他们已经忘记了生活的真正意义，忘记了自己的本源。

根本事实是：我们每个人都具有一种更高级的本性，这跟我们的本源紧密联系在一起。这种高级的本性了解并热爱和谐、美好的意愿和同情。我们越是清楚地明白自己的本性并在生活中充分展示，就越不容易被恐惧控制。随着我们渐渐摆脱恐惧施加于我们身上的力量，随着我们获得内心的宁静，这种最高本性将会渐渐占据上风，并指引我们的生活。

成为朋友：每个人都是赢家

> “在所有事情中，最珍贵的莫过于和朋友会面。”
>
> ——鲁米

在我们迈向无畏的旅程当中，要想获得平和的心境，必须要迈出一大步，那就是抛开权力斗争，了解共赢和成为朋友的伟大艺术。随着年龄的增长，我们会逐渐了解到许多事情，却很少有人真正了解友谊的艺术。因此，我们大多数人的友谊都充满了伤害、痛苦、背叛和失望，许多人际关系往往建立在敌对、嫉妒、占有的基础之上，使我们的生活被怨恨和恐惧掌控。

不可避免地，这样发展下去必然会造成冲突——与他人、与自身的冲突。我们的生活陷入冲突之中，却不知道如何解决这个问题。我们反对与自己发生冲突的人，立誓要击败对方。

在所有类型的人际关系中——友谊、爱情、生意伙伴、婚姻，我们都能看到这样的情况发生。曾经关系十分密切的两个朋友忽然间就变成了怒目相向的敌人，曾经的爱情迅速转化成仇恨。每个人都专注于如何在战争中取胜，却无视这场战争要耗费多少金钱、带来多少灾难和痛苦。

---

*花点时间*审视一下你与他人的关系。你和谁有冲突？为什么？你做了什么来解决这个冲突？有效吗？也借此机会发现你与自身的主要冲突，把它写下来。注意，与自身的冲突和与他人的冲突是同一件事的两个方面。

我们所有的冲突源于同样的观念：凡事只能有一个赢家、只有这么有限的资源、只有一个人是正确的。首先，我们必须认识到，无论发生什么事情，不管其他人的行为如何，我们真正的成功源于能够创建成功的人际关系，能够了解谁才是真正的朋友。之后，我们就会发现，还有一个更好的方式可以解决冲突、消除恐惧、获得平和的心境。如果我们看不到这一点，就会与幸福、满足和快乐的生活失之交臂。

解决冲突

任何冲突，无论是身体和思想内部发生的冲突，还是外在的冲突，始终都是一场与自我对抗的战争。”

——泰山·迪西马卢

马修与他人直接明显的冲突以及想要胜过他人的强烈愿望主宰着他的生活，因为他根本不知道该如何与自己的本源接触交流，从来没有认识自己，也没有学会如何成为自己的好朋友。马修已经失去了内心的指引、个人的平衡以及平衡的关系。我们只有身处平衡，才能成为一个真正的朋友。

如果生活失衡，冲突便会出现。我们终日和愿望、要求、欲望和需求纠缠，任由它们将我们东拉西拽，莫衷一是。很多人不知道如何解决这个问题，他们不知道什么能给自己带来益处，什么又给自己带来悲伤和痛苦。像马修一样，他们试图通过与他人的权利斗争和战争来消除内心的困扰。一旦能够战胜他人，他们就认为自己有能力解决内心的冲突。当然，事实情况却并非如此。

实际上，我们内心的冲突和我们与他人的冲突是同一件事的两个方面。如果我们解决了内心的冲突，与他人的关系就会变得更加和谐。反过来说，如果我们改善了与他人的关系，就可以消除自己内心的冲突。假如我们不了解自己究竟是谁，拒绝自己真正的需求，生活不仅会陷入冲突，还会误以为只有优于他人才能带给我们幸福和成功，以为斗争能带来和平。事实并非如此，斗争只能带来更多的斗争，击败他人最终还是会被别人击败。不可能出现别的情况。

“如果你想拥有和平，就应该从自身做起。”

——埃利泽大师

我们可以采取许多具体的、富有建设性的措施来赢取和平、解决冲突、平衡与他人及与自身的关系。一旦这样做了，我们就不再需要遵从弱肉强食的丛林法则，就可以在生活的各个方面发现新的从容、自由和资源。

关系平衡

关系平衡指的是互相交往的个体之间能源、支持和激励的自然交流。如果这种交流处于平衡状态并且是相互作用（就像阴阳平衡），个体就会高效运转，获得自然的同步性，同时还会获得意想不到的资源和支持。反之，如果这种交流受到阻碍或者失衡，就会发生能源枯竭，导致个体沮丧、冷漠、怨恨和破坏，并且往往会与他人产生冲突。

所有的个体、关系和组织都会自然而然地寻求和谐与平衡。有趣的是，当冲突发生时，它往往是建立一个新平衡的手段。以往的沟通方式不再有效，变革和增长成为必需。为了加速这种变化，冲突就会出现。

关系失衡的共同根源

为了矫正失衡，我们必须了解失衡的共同根源。这些共同的根源萌生了大多数的冲突，阻止我们以积极向上、健康良好的状态生活。我们如果能消灭这些根源，不仅人际关系会变得和谐融洽，支配我们的内心冲突也会自然消解。

根源一 ——指责他人

“不要盯着别人的缺点，反省自己的言行，无论是做过的还是未做的。”

——佛曰

我们很容易或者说很自然就会把自己的困难、失败、错误或缺乏自尊归咎于他人。我们觉得别人在贬低我们，或者试图拿走一些对于我们来说至关重要的东西。然而，当你指责他人时，你也应该明白，你这样做也是在剥夺自己的权利，你是在阻止自己发现你在当时处境中的作用，你所做的一切努力，以及你能做什么以改变这种状况。

放弃指责他人。一天之中随时留心你指责他人的时刻。（如果需要的话，记下来。）然后马上停止；请当场停止。也不要责备自己。只要注意刚才发生了什么事，现在需要做什么。当你意识到现在需要做什么，马上去做。指责使得我们无法看清当时的形势，更无法做出改变。停止采取行动、做一些必需的事情来分散自己的注意力也是一个有效的办法。请列出你当场停止指责的所有时刻，然后看看发生了什么？

根源二 ——心存怨恨 如果我们拒绝放开那些自认为已经伤害自己的冤屈，内心就会衍生出怨恨的情绪，并且将不

可避免地影响到我们的整个生活。怨恨在许多方面蒙蔽了我们的心灵，我们发泄在他人身上的怨恨与愤怒必定会反过来伤害到我们自身。怨恨使得我们不愿与他人沟通。解决冲突的一个最有效的办法就是放弃怨恨，越早越好。

你怨恨谁（或者什么）呢？列一个清单。写下他们做了什么让你怨恨的事情。现在写下自己做过的同样的事情。你需要什么才能放弃怨恨，感觉好受些呢？你可以要求对方这样做吗？你可以为自己做这些吗？你能否为他人做这些呢？你能否为伤害过你的人做这些吗？持续这样问下去。这是一个非常棒的训练。你的答案里有越多的肯定，你越这样去做，就越能远离怨恨，克服生活当中各种各样的障碍。

根源三——抱有不切实际的期待　这是阻止我们和谐生活的一个重要因素。当我们对他人的印象、幻想或者期望与他们在现实中的表现截然不同时，冲突便产生了。这同样适用于我们对自身抱有的期望。

我们的大多数期望仅仅是一种愿望或者梦想。其中有些期望是我们从别人那里得知的，比如，什么才是好的或者对的社交期望。当这些期望与“实际发生的事情”有出入的时候，就会带给我们巨大的不安、愤怒、悲伤和痛苦，甚至会产生被人背叛的感觉。于是，我们关闭心门，拒绝和朋友及家人进行沟通和倾诉。我们甚至会断言自己是个失败者，仇恨自己。

然而，平静下来之后，你会发现这一切不过是你自己的想法。生活按照它自己的方式继续前进。当它到来的时候你会微笑着迎接它吗？你能放开其中的一些期望，准备发现此刻真正需要和缺少的是什么吗？如果你能做到，冲突就会自然消失。

“我们目前最迫切的需要不允许我们墨守成规。”

——禅林句集

当我们要求生活满足自己的期望时，往往会大失所望；反之，如果我们允许自己的期望根据现实做出适当的调整，就会获得巨大的权利和幸福。不妨试试看。

列出与你有关之人的名单。现在，请你列出对他们的期望、希望或者想象。同样列出你对自己的期望。你对自己的行为有何期望呢？在旁边写下实际发生的情况以及你对此的感受。会有人满足你的期望吗？这个人在你的生命中充当了什么样的角色?你的期望与这段关系的现实情况有什么区别？放弃那些不切实际或者过于理想化的期望或梦想。只要我们和现实情况保持一致，就朝着解决冲突迈出一大步。

根源四 —— 混淆合理要求与不合理要求　要想分清合理要求与不合理要求可能确实有些困难。许多斗争、抵抗、拒绝和拖延都是因为他们认为所提出的要求对自己不公平。有些人会因为自己的需求没有得到满足而心怀怨恨。他们认为，你不满足我的需求，我也不满足你的。还有些人没有明确的价值观或界限，他们往往很难拒绝别人的要求。再者，他们也没有意识到，不能拒绝别人就不能满足别人。拒绝并不一定是否定对方。必要的拒绝

可以设定一个界限，对双方都有利。小孩子整天都想吃巧克力糖果，拒绝他们并无害处。所以，不要害怕拒绝。

静下心来，思考一下自己眼下真正需要什么。问问自己，是不是这些需要都必须得到满足，你才会心满意足，才会解决冲突？如果这个需要是必须的，在旁边标个记号；如果还有待商榷，有没有都行，就在旁边标个星号。通过这样做，你就能分清真正的需要与欲望之间的区别。并非所有的欲望都要得到满足，但真正的需要却需要满足。当你了解了哪些要求和需要是合理的，哪些需要和要求不合理，不仅设立了一个界限，同时还为自己最真切的价值观奠定了坚实的基础。

根源五 —— 不提要求　冲突常常作为需要满足的要求这种方式出现。过去，我们可能会以暗示的方式表达自己的需求，比如操纵他人、表现不悦、提出请求或保持沉默。许多人拒绝提出自己的要求，我们希望别人能感知我们的需求，否则便会郁郁寡欢。毫无疑问，这实际上就像是孩子对父母的要求。还是孩子的时候，我们希望父母知道我们的每一个需要和要求，并立即满足。即便我们在一天天长大，却很难意识自己必须让父母知道我们的需要。如果我们不得不向父母主动提出要求，这并不能说明他们不爱我们；如果我们不能直接提出自己的要求和希望，就不可能明智地解决冲突。

回想一下你最近提出要求的方式。你是直接要求的吗？还是

操纵、哄骗、引诱、保留或是大声要求？在清单上补充其他的一些手段。请忠实于你的内心，除了你自己之外，没人需要看到这张清单。

现在，列出你被拒绝时的反应。你会生气、退缩、逃跑，还是会让对方以其他方式为此付出代价？你允许伴侣对你说“不”并且不把它当成是对你的攻击吗？如果事实并非如此，那么对方就只是你生活中的傀儡，处于你的掌控之中。每个人都有权利说“是”，当然也有权利说“不”。

根源六——拒绝成功 对很多人来说，成功是痛苦的。他们不允许自己成功，他们悄悄地破坏自己和他人的努力。毁掉自己的最佳方式无疑是不停地制造冲突。在这些人看来，成功或者过于强大可能会带来危险，觉得自己只有表现出无助或软弱的时候才更安全。他们往往倾向于寻求他人的帮助和指引，通过这种方式向他人表明：他们不会给对方构成威胁。恐惧完全掌控了他们的生活。这些人根本不期望生活充满生机和活力，反而想尽一切办法破坏自己的生活。

列出你工作中、人际关系中、意义重大的项目中所有的成功时刻。它们给你什么样的感觉？你对自己的成就感到自豪吗？还是有相反的感觉？很多人惊讶地发现，当他们在某事上取得成功时往往会感到难过。你能对自己满意吗？你愿意成功吗？列出那些你不允许自己成功的方式。想一下，是什么原因造成的？现在，列出那些能够让你成功并得到应得权益的条件。如果你知道了成功需要什么，请确保自己努力去获得它们。

世界上有许多人不愿快乐、不愿与他人分享自己的喜悦、不愿拥有充满成就感的人生。如果别人伤心而自己快乐，他们就会充满内疚感，害怕各种各样的指责。请马上抛弃这种恐惧。你应该认识到，我们生活的意义就在于奋斗、成功、成长、繁荣，我们有权拥有平衡的人际关系。其他的一切都是谎言。

如何从我到我们：创造双赢环境

"关怀他人，让整个世界充满生机。"

——内山禅师

要想摧毁弱肉强食的丛林法则，我们需要付出有意识的努力来营造一种环境。在这种环境中，不仅我们自己可以成功，每个人都可以是赢家，实现其人生理想。我们有意识地创造这种生活方式的时候，不仅内心的恐惧会荡然无存，同时还会欣喜地看到令人难以置信的结果。

双赢关系要建立在互相支持和成功的原则之上。一个人的成功并不意味着另一个人的失败。别人成功的时候，你也可以成功。举一个双赢关系的例子，一个人溺水，有人跳进海里去救他，他们就必须共同取胜，一个人的胜利就是另一个人的胜利。如果我们感觉到他人的关注或支持，就会竭尽全力。令人惊讶的是，有些人却很难允许自己得到他人的支持，因为他们认为这是软弱的表现；还有些人不太愿意提供支持。但无论如何，所有健康的关系都建立在互相信任和支持的基础之上。

---

*按照非敌即友的方式***审视一下你的人际关系***。你发现有人支*

持你还是与你竞争？你在多大程度上愿意为别人提供支持？如果你愿意的话会发生什么事？

了解竞争对手与捕食者的区别

我们中有些人对所有的竞争都采取相似的反应。一旦视野中出现一个竞争对手，有些人就会隐藏起来、退缩、拒绝接受挑战，他们认为失败是必然的，甚至在竞争开始之前就已主动放弃战斗。还有一些人，一旦感受到有竞争对手出现，就轻率地开始与对手战斗，即便双方关系还有缓解的余地也觉得受到了威胁。

如果一个竞争对手与你有私人恩怨，或者对方确实想要以某种方式毁掉你，他就可以被称作是捕食者。认清这二者之间的区别非常必要。我们面对竞争对手时的反应往往好像对方是捕食者一样，这就阻碍了我们发展与竞争对手交流沟通的能力，而他们也许能为我们提供有益的、高效的挑战。

列出你与他人竞争并完美胜出的时刻。列出竞争使你变得更加强大、最终双方成为朋友的时刻。写下竞争的五个优点，并写下你对竞争抱有的五种积极的反应——你对于竞争持有的积极的看法。

我们应该清楚地了解并区分竞争对手与捕食者的差异，这一点非常重要。面对捕食者，我们需要采取不同的反应；如果面对健康的竞争对手，我们无需感到威胁，可以找到一种双方共赢的方式。受到威胁和面对挑战之间有很大的区别，我们需要将二者

区分清楚。捕食者会主动、有意地针对你，和你作对，他们往往具有强烈的动机，可能出于嫉妒，也可能出于怀疑，或者只是因为自身的不稳定。

你首先必须判断谁是竞争对手，谁是捕食者。人们很容易感觉受到威胁，朝最坏的地方想。但是，如果对方不是捕食者，战争往往能够通过友好协商和平解决。然而，当你真正面对一个捕食者的时候，对方处于愤怒、狂躁或者情绪不稳定的状态当中，你就需要采取其他一些措施。无需惊慌失措，要认识到自己身边有许多可靠的帮助。

列出你认为总控生活中出现的捕食者。详细说明他们做了什么事给你留下这样的印象。他们是如何影响你的？针对他们的行为你都做了些什么？你是否在某种程度上助长了他们的气焰？列出你的竞争对手的名字。他们和刚才提到的那类人有何不同？现在，列出一些具体的、慎重的、成熟的行为，用以积极地对付捕食者。

化解危险的其他方式

有时我们会过于草率地作出判断，认为某个人是捕食者。在我们作出判断之前，可以试着缓和当时的局势，不作任何负面的猜想。从努力发现他人的优点开始做起，不要用否定、怀疑的眼光看待他人。如果我们总是看到某个人积极的一面，他有时也会感受到这一点，并开始积极作出回应。如此一来，我们就不会起到推波助澜的作用。

或者，我们可以尝试去化解消极，对别人先行挑起的奚落或嘲弄置之不理。有时，我们对发生的矛盾视而不见，不作出对方想要的回应，他/她就会失去兴趣，从而达到缓和局面的效果。但有些时候我们无法做到这一点，那就必须采取行动了，但是，也要通过适当的渠道，不针对个人。

你应该明白自己到底需要什么才能在人际关系中感觉受到尊重、获得安全。如果这种需求不断受到攻击，你就要当心了。尊重你的需求。假如这段关系从始至终充满了破坏性，就要找到建设性方法来解决这个问题。

克服失望或失落情绪

在双赢环境下，误解必须立即消除。误解往往是失望和失落情绪的一种非正常反应。如果跟别人交流，对方的某些言语或行为让我们失望，或者我们觉得没有得到自己一直渴求和期望的东西，我们通常的反应就是情绪低落、失望生气或者干脆退缩不前。在这个时候，大多数人都无法保持头脑冷静，也无法就发生的情况予以有效的沟通。

你应该注意到这种情况，并立即和他人进行有效沟通——“我对这一点感到很失望。”首先，表达失望会马上缓和让双方感到尴尬的局面，我们也更乐意倾听和接受对方对此的反应。其次，我们为对方提供了一个纠正错误的机会。很多时候，对方会惊讶地发现，自己的表达竟然让对方失望，因此，他们往往会饶有兴趣地探究其原因，并尽力解决这个问题。

在当时的情况下，尽快表达你真正想要什么，就能产生奇妙的效果。一开始可能很难做到这一点，但随着时间的推移，你就会发现，这是避免产生误解并建立友好关系的一个奇妙工具。要做到这一点，就必须清楚地了解并及时表达你想从对方那里得到什么、你害怕失去什么。

列出生活中对你非常重要之人的名字，写出来你想从他们那里得到什么。什么在你与他人的关系中利害攸关？你如何做才能得到自己想要的东西？写下三个原因，以帮助自己时刻牢记在与这些人沟通时尽量避免产生失望情绪。

消灭无声杀手

在双赢的环境下，我们必须消灭无声杀手。无声杀手指的是那些夺走我们快乐、热情、勇气和力量的人、交往或者行为。它们也被称为吸能术或隐藏的陷阱。说它们是无声杀手，主要是指它们经常被忽视或否认，否认本身就是一个强有力的无声杀手。我们假装什么事都没有发生，而实际上却一直受其影响，这就是否认。

每天花点时间在日记中记下你觉得失去力量、勇气、快乐或生机的时间和地点。你什么时候感觉受到伤害？把这些连同当时发生的其他事都仔细记录下来。当时都有谁在场？他们对你说了什么？确保这次你注意了所有的因素。注意、注意、再注意！我们正在削弱否认的力量。

每个人生活中的无声杀手都各不相同。对有些人来说，这些因素看起来非常无聊，或者微不足道，比如不经意的一句话，或者被人忽略。他们可能羞于承认这种小事对其产生的巨大影响。就其本质而言，无声杀手的确难以捉摸（如果不是这样，我们肯定老早以前就察觉到它们的存在了）。它们往往是我们几乎注意不到的一件小事、不经意的评论或者是一点小疏忽，而我们所能注意到的只是能量的缺失以及忽然袭来的沮丧和懊丧情绪。一旦出现上述反应，我们就应该对周围及自身内部发生的事提高警惕，注意留心，这样就能尽快找到那些无声杀手，并有效地将其消灭。

每天都列出一个清单，记下对你独特的无声杀手。注意，当你把它们列出来的时候，要留心它们都是什么。可能它们每天都会发生变化，这很正常，这并不意味着会突然出现更多的无声杀手，只是表明你对它们越来越警觉。如果坚持下去，你就会发现，这些无声杀手对你的影响会越来越小。

接下来还有其他一些工作需要完成，主要集中于如何成为他人和自己的朋友，并创建一个所有人都可以进步的环境。如果我们完成这些工作，不仅能为他人提供支持，还会发现更好生活的秘诀。这些工作在我们的个人生活和工作环境中同样适用；它们总能创建一个双赢的环境，可以说是心灵、思想和灵魂的维生素和矿物质。

感谢他人

创建双赢环境最有效的方法就是理解并运用感谢的力量。当被他人感谢时，每个人都会感到心情愉悦。但多数情况下，我们从别人那里接收到的反馈却往往跟我们做错的事情有关。感谢是一个非常简单却极其有效的工具，能够扭转这种不利的局面。它提供的反馈机制使人们感觉受到了赞赏、尊重和支持，而非诋毁。

感谢指的是乐意就他人所做的事情和这件事对我们产生的影响为其提供诚实的、积极的反馈。通常情况下，我们注意更多的是他人负面的言语和行为以及他们多么烦人，甚至对此津津乐道，乐此不疲。然而，如果我们运用感谢的力量，就可以完全扭转形势，转而留心那些令人愉悦和高兴的行为，并为他们提供积极的反馈。

感谢他人的时候可以这样说：“我要感谢你的是……”，然后说出想要感谢对方的原因，等待对方会意并接受。你不要期待对方会有某种反应。有时，对方也不一定会告诉你他们接受你的感谢。这种感谢只是极其自然的表达和接受。尽可能地去感谢他人，随时随地这样去做。此外，也要感谢你自己，因为对自身来说，我们是另外一个人。当我们就所做的意义重大的事情真心感谢自己的时候，便会感到由衷的高兴。

不要放弃他人

创建双赢环境的另一个关键步骤是不要放弃他人，指的是尽我们最大的努力去支持对方。通常情况下，我们还未完全发掘一个人真正的能力，就已经把他放弃或罔顾他们的努力。只有相信他们的实力和能力，和他们同舟共济，我们才会真正安心地学习和成长。他们也会认识到错误并不能致命，它只是探索过程中的一部分。如果我们不再害怕犯错，不再害怕因此被抛弃，那么我们在人际关系中的付出和创造就会完全超乎所有人的想象。这种支持和理解为发掘个人的全部潜能奠定了基础，感觉受到重视会让对方倾尽全力地付出。

请思考一下，*在多大程度上你愿意永远不放弃一个人？在多大程度上你愿意与之同甘共苦？你忍受的极限是什么？你不能容忍哪些行为？为什么？开始的时候是什么让你相信这个人的？又是什么夺走了你的信任？*

曾经有朋友愿意和你同甘共苦吗？那种感觉怎么样？发生了什么事让他/她决定弃你而去？你忠于自己吗？你愿意为了自己坚持下去吗？

不管发生了什么事，请支持你自己。不要责备、评价、否定或放弃自己。请全力支持你自己，看看这会给你什么样的感觉。

写下一个你永远不会放弃的人的名字。他/她身上的什么特点让你决定这样做？你具有这样的特点吗？你能在这张清单上逐渐增加更多人的名字吗？

当场反馈

如果允许误会和误解存在直至变质腐烂，就会产生巨大的破坏力。怨恨滋长、困扰衍生，人际关系也会变得错综复杂。创建双赢环境最关键的一步就是愿意并能够当场反馈。我们应该为交流和沟通负责，对听到的信息作出回应，或者进行思考。

请记住我们所听到的内容和对方实际想要表达的信息可能截然不同。反馈非常重要。很多人过于骄傲而不屑要求反馈或者提供反馈，他们会直接假定自己了解接收到的信息。但大多数情况下，他们其实已经偏离了中心。如果出现任何误会，一定要明白，其根源就在于误解。因此，反馈就显得至关重要，它可以当即切断糟糕的感觉。反馈就是对交流沟通的及时反应。一旦双方出现误会，首先意识到这一点的一方就应该说："我想确认一下我听到您所表达的信息。"然后他/她就会接着表达他/她接收到的信息。

愿意澄清交流中可能产生的误解，而不是责备对方，公开表达友谊和良好的意愿，常常能得到友好的回应，对方会把他/她的真正想法反馈回来。这就使双方有机会采取适当的纠正措施，往往也就能自然而然地就谈论的话题进行更深入的沟通。

列出你被对方误解的时刻。双方就此事进行了怎样的交流？双方都明确了自己真正的想法吗？看看令人困惑的交流给你造成了什么影响？回想一下你和他人进行这种交流的时刻，想一想，难道没有一种更好的方式进行有效的交流吗？

对不必要的交流作出建设性的回应

不必要和不明确的沟通会给双方造成误解。如果其中一方完全没有防备，或者沟通已经对双方构成威胁，侵犯了一方的隐私，引起了误导或带来破坏，信息的接收者往往会愣在当场，不知如何回应。（这可能是某些交流恰恰想要达到的企图。）陷入这种情况的那一方可能会退缩，觉得自己需要时间认真思考一下，然后再决定要做什么或者说什么。在这种情况下，这可不是一种积极的回应。

如果对这种情况作出建设性回应，会给对方一个善意的暗示。在你作出回应之前，不要想当然地认为对方是针对你个人的，告诉自己，对方表达意见的方式可能并非你所理解的那样，如此一来，你就有时间重新整理并理解对方的言语。这也让对方有机会知道他们的表达对你产生的影响，防止局势恶化。

一旦你开始要求对方如实地反馈其本来意图，或者愿意就你的感觉和对方进行沟通，谎言、消极因素以及操纵必然会原形毕露，它们的权利被完全剥夺，误解也就失去了生长的土壤。这样，做出不当交流的一方就不得不明确其真正的意图。如果对方的回应仍旧不甚明确或者无济于事，那就再次向对方传达你的想法，并要求他/她进一步解释，讥讽、蔑视和其他一些消极交流会在这样的过程中慢慢消除。这是一个简单但却非常有效的技巧，能使你自己脱离不必要、不合时宜的交流，并能展现真诚和良好意愿的一面。

写出你过去与他人交流过程感到困惑、沮丧或受到阻碍的时刻。你是如何处理的？

现在，运用上面提到的反馈技巧，在你的脑海中重新演示一遍当时的情景。感觉如何？列出那些沟通方式让你感到不适应的人的名单。先在脑海中快速练习一下运用反馈技巧进行沟通的情景，然后到下次临场时就可以使用了。

结尾：练习

发掘完美本性：成为朋友

“去子之骄气，是无益于子之身。吾所以告子，若是而已。”

——老子

1. 不要总想着优于别人

自从来到这个世界上，每个人都被赋予了与众不同的才能和优点。仅仅由于自己“比别人更好”而自我感觉良好这种观念毫无根据。不仅如此，这种感觉还会让我们搞不清楚生活中真正让人满足的是什么，我们将无法享受友谊、爱情、支持他人以及被他人支持的滋味。下面一些重要的步骤可以帮助我们去除这种虚荣心。

想想你觉得自己比谁优越，写出原因。

现在，写下那些他们有能力做到而你可能做不到的方面。进一步观察这种虚荣心给他人和你自己带来了什么危害。它夺走了我们的什么东西？如果不是因为虚荣心作怪，你会愿意和谁待在一起，甚至向其学习？

再进一步，永远不要再将自己和他人进行比较。别人是别人，你是你。关注强迫症之所以出现，是因为你不愿承认所有生命中都有优点和美丽之处。今天一整天，只关注他人的美丽，只发现他们的完美，看到他们真实的一面。

2. 允许他人正确

冲突和妄自尊大的一个基本根源就在于我们通常以为只有自己才是对的，别人都是错的；我们高人一等，而他人则不值一提。这种观念来源于我们想要提升自身、诋毁他人的欲望，它并非基于现实，我们可以轻而易举地扭转形势。

今天，请允许他人正确。告诉自己，明天你还有充裕的时间去做正确，而今天属于他们。如果我们愿意承认：即便他人跟我们不同，他们也可能是正确的，这就会使我们的生活更加开放、充满多样性以及成长的意愿。他人可以是正确的，我们同样也可以是正确的。不需要出现痛苦和冲突——每个人的生活当中都有足够的空间让自己感觉正确。

3. 化敌为友

找到你的竞争对手，安排他们和你共进午餐。就餐时要时刻关注他们，让他们成为焦点。请他们和你分享他们的一切，生活、希望、梦想和恐惧；让他们成为光环的中心。想想你在哪些方面可以帮助他们。等到午餐结束的时候，对方看起来就不再具有威胁了。相反，你会很自然地发现，在某些方面你们彼此可以互相支持、共同发展，你们的某些需求是共通的，可以在某些领域联合起来、共谋利益。想要排挤或者超过此人的想法也就自然消失了，因为那必将是我们巨大的浪费和损失。

至理名言

摆脱敌人的最佳途径，就是和他们成为朋友

恨我们的敌人、爱我们的朋友、判断谁支持我们、谁反对我们，所有这些只能让我们故步自封、停滞不前。变化是永恒的，善恶交替，互相轮回。成长和变化是生活的根源。让自己以一种全新的方式看待周围的人和形势。很快，你就会生活在一个到处都是朋友的世界里，那么，恐惧将何处藏身呢？

爱里没有惧怕；

爱既完全，就把惧怕除去，

因为惧怕里含着刑罚，

惧怕的人在爱里未得完全。

第二部分

梦想成真

健康和爱比正确更重要。

全身心地爱一个人，不抱任何期望。

爱是一种选择，请选择让爱融入你的生活。

当我们认为自己是受害者时，我们会吸引害人者。

当我们期望得到某些东西时，我们会尽力去得到它。

我们可以通过改变自己的态度来改变生活的整个轨迹。

第二部分

梦想成真

健康和爱比正确更重要。

全身心地爱一个人，不抱任何期望。

爱是一种选择，请选择让爱融入你的生活。

当我们认为自己是受害者时，我们会吸引害人者。

当我们期望得到某些东西时，我们会尽力去得到它。

我们可以通过改变自己的态度来改变生活的整个轨迹。

引言

平和心境的七项原则基于爱的简单法则。这些爱的简单法则能够解除任何一种形式的恐惧。当我们学习并实践这些爱的法则时，不仅能获得平和的心境，恐惧也会当即消失。此外，学习释放恐惧时，我们同时也在爱中渐渐成熟。

大多数人并不知道，即便是一点点爱，力量也十分强大，可以消除大量恐惧和痛苦。所有人都拥有那么多的爱，但奇怪的是，我们却如此吝啬，拒绝敞开心扉，拒绝施与爱。

我们为什么不想和平相处，不愿分享彼此的爱呢？答案很简单。在每个人的内心深处，都存在着一种混乱的思想，它热爱混乱、拒绝和平，它不愿对生活感到满足、拒绝享受生活。这部分思想的功能就是引起焦虑、困惑和忧愁，它拒绝安慰，完全相信坏消息，以苦为乐。这种混乱的思想想要的就是过山车般的生活，它在恐惧环境中加速生长，破坏我们的努力，胁迫我们的感情，没有人能幸免于此。这种混乱思想的力量在某些人身上相对强大一些，在另一些人身上则相对较弱。

只要我们知道这部分思想在密谋什么，它就不能完全控制我们；只要我们把这种混乱思想当作一个任性的孩子，爱耍小脾气，希望以调皮捣乱引起大人的注意，它就不能控制我们的自由。（我们给予它的关注越多，它的脾气就越大。只要转移注意力，坏脾气自然会最终平息。）

许多形式的训导都说，我们必须扼杀这种混乱的思想，与之交战，憎恨它、抵制它、惩罚它。如果我们这样做，恰恰中了它的圈套，给了它更多的权力和注意力，使它得以掌控我们的生活。因此，我们应该清楚地认识到，如果按照上面的做法行事，我们将永远不能获得平和的心境。

想要真正获得平和心境，就要了解我们自身的所有部分。我们必须了解并熟悉这种混乱思想的存在和它夸张的行为，必须学会看清它的本来面目，不给它提供力量，也不转向它寻求指引。我们必须清楚地认识到，它想要的就是让我们感到惊慌害怕，整夜不得安宁。

爱的宝藏

重要的是，我们应该以想要体验和了解爱之宝藏的渴望取代对混乱的思想引起的兴奋的迷恋和渴望。当爱来临的时候，平静、深沉、舒缓、滋润，它不会摇摇晃晃，也不会被带走。你不需要去赢得它，也永远不会失去它，它能抚平人生的惊涛骇浪，留下最美的感悟。这是解决各种冲突最直接的方式。

当真爱来临，恐惧就会消失，因为我们发现，没有人试图伤害我们，他们只是被混乱的思想所支配，他们那些不必要的行为从来都不是针对个人的。另外，发出那些行为的也根本不是真正的他们。

当你感受到他人的消极行为，只要对自己说：这不是你，这只是你混乱的思想在作怪。我爱的是真正的你，愿上天保佑真正的你。

要了解爱的宝藏，我们必须体验它相反的一面，我们必须面对那些需要被爱的对象。如果我们没有感受那种混乱的思想，就不会感受到爱的伟大力量。这就是我们学习并解决分歧的主要方式。

下面两个章节提供了具体的指导原则，可以指导实践爱的法则，获得平和的心境。这些法则虽然十分简单，但如果切实遵循，就一定能够获得内心的宁静。

第八章

寻找梦想 爱的七项原则

“短暂停留、稍纵即逝的感觉不能称之为爱。”

——卡比尔

从年轻时候起，玛格丽特就梦想着拥有恒久不灭的完美爱情。在成长的过程中，她与一个又一个的男子约会。然而，每个约会对象似乎都不太完美，她总觉得两人的恋爱关系中似乎缺点什么。即使两人一开始挺合得来，但逐渐总会出现各种矛盾。两个人看待事物的方式不同，人生的目标和愿望也不太一致，这和玛格丽特梦想中的爱情相去甚远，她希望爱情中的两个人应该是一个整体。这样的恋爱模式重复多次之后，玛格丽特开始觉得是自己有问题。为什么她不能吸引她的灵魂伴侣呢？为什么她不能建立她向往的那种令人愉快的、完美无缺的生活呢？

对玛格丽特来说，完美无缺的生活指的是和白马王子结合，这个伴侣能够满足她生活中的需求，平衡她内心的缺失。她不知道真正的爱情是什么，也不知道如何获得一直寻求的完整人生。

她与约会对象的分歧必须通过另一种方式来解决。为了体验真正的平和心境，玛格丽特必须要学会分辨真爱和伪爱，理解并实践爱的简单法则。

原则一：分辨真爱与伪爱

“真正的饥渴是想要拥有、抓牢、占有的欲望。只有慷慨才能使人摆脱这种占有欲和无休止的欲望。”

——仲巴

我们在恋爱中所感受到的大部分愤怒和失望，主要是因为不知道如何分辨真爱与伪爱。真爱永远不会伤害他人，相反，它能够治愈伤痛、振奋精神、培养情操。如果我们感到恐惧和痛苦，感到被人背叛、感到失望，实际上已经落入了伪爱之手。

伪爱认为，我们的需要、渴望和愿望应该或者可以被其他情感替代。依赖、占有、兴奋、幻想和渴望常常被误认为是爱。当我们听到有人这样说：“我非常爱你，没有你我就活不下去。”这并不是爱，只是宛如一个孩子觉得自己终于找到了能够满足其所有需要和愿望的理想的父母。这种情感实际是孤独和恐惧，或者说分离焦虑，也可以被看作无助感以及总算有人照顾或者挽救我们的希望。

如果我们的伴侣表现出嫉妒、控制、专制，请再次注意：这不是爱。有些人认为，这种表现说明伴侣非常关心自己，但事实却并非如此。这些迹象只是表明伴侣内心的不安以及强烈的占有欲，只是表明他们缺乏自信，可能感觉自己不应得到或者没有能力紧紧抓牢这份感情。

所有这些情感都与爱无关，它们只与我们尚未得到开发的某些部分有关。没有人能比我们给予自己的更多，也没有人能弥补我们孩童时期缺乏的爱。不过，他人却可以成为一种让我们上瘾的毒药，使我们麻木，感觉不到内心的伤痛，更谈不上积极应对。

请注意这一点： 如果我们把别人当成满足个人欲望的对象时，这并不是爱。

玛格丽特的矛盾在其他很多人身上都可以看到。许多人都在寻求平和的心境，想要获得友谊以及和谐而完整的人生，但却始终不明白，自己抓住的只是水中的一根稻草，寻求的只是一种幻象，陷入了自己制造的假象之中。我们只有找到宝藏的真正藏身之处，知道如何开启宝库，平和的心境才会真正到来，并伴随我们一生。

开启你自身的宝库

“我们已经失去那珍贵的宝石，有人说，它丢在我们东边了，有人说，它丢在我们西边了。”

——鲁米

我们丢失的珍贵的宝石在哪里呢？所有人都觉得失去了生活中一些内在的、极其珍贵的东西，并且通过各种方式来寻找这个宝藏。大多数人都是在自身以外寻找，东张西望，每个人对于宝藏藏在哪里都有不同的看法。然而，我们越是在自身以外的地方寻找，离它反而越来越远。

找到宝藏的第一步就是停止在自身以外的地方寻找，开启自身的宝库。我们已经习惯于在周围的人群、恋爱关系、工作、财富中寻找宝藏，而大多数人却还不知道如何停止在自身以外的地方寻找，不知道如何转向自身寻找宝藏。尽管还没有发现什么能让自己感到满足、让自己内心感到宁静；我们仍然固执己见，锲而不舍地在自身以外寻找梦寐以求的宝藏，然而，这种徒劳的寻找只会带给我们失望和恐惧。

西西弗是古希腊神话中的一个人物，他被罚将一块巨石滚到陡峭的山顶上；每次快到山顶时，石头就会滚下去，西西弗又得开始为之拼命。这个过程周而复始、永无停息。与西西弗一样，我们每个人都背负着沉重的包袱，努力想要到达山顶，完成工作并获得奖励。有时候，我们甚至已经到达山顶，然而，像西西弗所经历的那样，所有的一切或早或晚终归会重回原点。世事变迁，我们终会回到最初的起点，然后重新开始。必须要找到一个更好的办法来解决这个问题，但是，怎么做才能停止这种模式呢?

原则二：停止在自身以外的地方寻找，静下心来

停止在自身以外的地方寻找你渴望的爱。放开手，静下心，停止战斗的高昂姿态。开启你自身的宝库。

“唯一真正的奇迹是静止不动。”

——亨利·米勒

违背我们一贯的模式有些困难。一开始我们会感到心神不安，就好像是在逆水行舟。然而，重要的是，如果某种情况不能带给我们真正的需要和希望，我们就应该立即设法脱身，停止正在做的事情，安静地坐下来，避开一贯的要求、干扰和兴奋，花些时间独处。

伟大作家卡夫卡曾经说过，我们所有的烦恼源于不能和自身单独相处。想要获得平和心境，第一步需要建立的关系就是与自身的关系。然而，一旦我们开始花时间独处，不再寻找娱乐或干扰，混乱的思想就开始放声高歌。它能想到的最糟糕的事情就是沉默、无聊和孤独。

因此，对于混乱的思想来说，最好的解药之一正是这个——无聊、沉默和孤独。

享受无聊。*了解什么是真正的无聊，学习如何培养无聊。当你这样做的时候，不仅能够阻止混乱的思想起作用，在无聊和孤独的外表下面一直隐藏的新的、更强大的力量必将出现。*

无为

无为是一种思想状态，无处可去、无人可见、无趣可寻、无事可做的思想状态。无为是你的朋友。在这种生存状态下生存，悄然等待的是重要的行动和另外一种不同的生活——宁静平和的生活。

大多数人认为，内心的宁静太过无聊。事实却并非如此。无聊只是朝着最终目标迈出的一步。许多人认为，内心的宁静就等同于无为，没有痛苦、没有斗争，也没有希望、没有恐惧。殊不知事实恰恰相反。内心的宁静是重要的、积极的、具有建设性的，它能协调分歧，从根本上尊重和信任所有形式的生命。除非我们相信，在混乱思想疯狂的表象下面，隐藏着另一种形式的能量、幸福和活力，否则并无法获得平和的心境。平和心境是希望和福祉的真正源泉。

静下心来，*感受无聊。走出混乱，在外面待上几分钟、几个小时或几天。从过山车般生活带给我们的兴奋中走出来，坐在公园的长椅上，静下心来，心如止水，无欲无求。是谁说存在远远不够、不能解决一切问题呢？*

混乱思想的前提是周围的一切不能令人满意。它告诉我们必须一直保持警惕、困惑、愤怒、激动和兴奋的状态，它还说我们根本不知道自己是谁，也不知道自己在这个世界上需要什么。所有这一切都是谎言。

你知道自己是谁，也知道自己需要什么。你一直都知道。没有人可以教导你，没有人可以伤害你。你本身就是你一直在寻找的奖励。

“停止寻找真理，*只要放开那些谬误。”摆脱混乱的思想编造的谎言、把戏、控制和扰乱，把它们放到次要地位，确保一切顺利。*

平和心境的前提是：在我们生活的疯狂表象之下，所有的一切和谐共存、正常运转。我们的任务就是使之成为现实并维持这样的思想状态。另一个方法就是思考，安静地坐着，在指定的时间内一动不动。

安静地坐下来，*挺直背部，双腿交叠，睁大双眼，调匀呼吸，让思想在脑海中自由来去，不要刻意去思考某一个想法，也*

不要评判或者抵制某个想法，就让它们在脑海中随意变幻，就像游行一样。让你的思想和呼吸融为一体，如影随形。

这样做的时候，你就已经开始了一项伟大的工作——从各方面认识自己：了解你是什么，你在哪里，你究竟是谁。你正在制止无意识中进行的随意的、盲目的行为，就好像在一间长期以来布满灰尘的黑暗房间里打开了一盏灯。最开始的时候，当你审视自己的内心，正视你的思想、情感和幻想时，不免感到震惊；但如果你坚持每天这样做，就会变得更加强大、更加聪明，并最终自如地生活在一个令人惊奇的世界里。

我们在许多方面都处于分裂状态，通常这种分裂都被隐藏起来。我们往往拥有矛盾的情感、信念、想法和欲望，这并无什么不妥。关键是要意识到这一点，并和矛盾的各个部分都成为朋友，了解它们希望带给你什么。我们自身的某些方面在黑暗和矛盾中蜗居太久，阻止了我们打开心扉、与他人沟通，使我们没有能力爱自己或者他人。一旦能够意识到这一点，这些矛盾就能够被自然地消化融解。当我们这样做的时候，我们就正在修复可能已经持续多年的分裂、战斗和孤独。

调匀呼吸。*让气流在体内随意游动，只是等待被引导、指示、振奋和伴随。让宁静的内心掌控全局。平和的心境往往带给人友善的感觉，并总是施与帮助。如果你的内心有某种想法、言语或行为对大家都不利，就尽力平静下来，直到它们消失。这只不过是混乱思想的一种反应罢了。*

专心留意一下。*请了解你身在何处，正在做什么，微风拂过*

面庞时是什么感觉。做饭时，就专注于面前正在烹饪的食物，无论在做什么请全心全意去做。醒醒，醒醒，快醒醒！心无旁骛，所处之地是如此美丽，千万不要在梦中迷失生活的方向。

这是开启你自己的宝库、迎来那些可能被深埋许久的各种内在的资源能量和洞察力的过程。你越是习惯于安静地独处，你生命中就有更多的能量获得释放，你需要害怕和躲避的对象就越少。你越是了解和接受自己，就会更加了解和接受他人。有人说，当一个人感到自己被真正理解和接受的时候，他就感受到了爱。

心无旁骛，专心留意。

我们当中有多少人可以心无旁骛，拒绝那些没完没了的娱乐对我们的诱惑呢？注意力是我们生命的力量和源泉，异常珍贵，价值连城。然而，我们却往往把注意力浪费在那些没完没了的人群、思想、忧虑、记忆和需要当中。

专心留意是注意的另一种说法，留意我们现在所处的境况、我们需要什么、对方的真实想法和意图，以及我们回应的方式。

每天至少三次**停下正在做的事情**，有意识地密切注意正在做的事情，即使是最不起眼的活动，比如刷牙、削苹果等，也要倾注全部的注意力。所有的活动，或大或小，它们同等重要。当我们倾注全部的注意力进行观察、思考时，就会发现每一项活动都是令人震惊的。

一开始这么做的时候，可能会感觉很烦人，但很快它就会成为我们的第二本性。我们大多数人让自己每天忙忙碌碌，根本就不会真正全身心地注意自己或他人的行为。要学习如何成为自己和他人的朋友，要获得真正的平和心境，专心留意至关重要。

原则三：成为自己和他人的朋友

> **“自然的是正确的，简单的是正确的，保持自我是正确的。保持自我是你所能做的全部，其他的都是误入歧途。”**

为什么静下心来、花点时间独处那么令人害怕呢？究竟是什么让我们无法得到自己渴求的认同呢？答案往往是：我们觉得自己是别人，害怕看到自己离理想中的标准相差很远，害怕看到自己绝非那么完美。可那又怎样呢？

我们不仅一直在评判和否定他人，也在不断地评判和否定自己。我们和他人接触时，总是很容易发现对方的毛病，对我们自己也同样如此。我们周围始终潜藏着一些令人无法接受的东西。有多少人可以取悦自己呢？又有多少人能够坦然接受自己的本来面目、承认自己的不完美呢？

我们必须首先学会自我肯定的深层法则，了解如何与自己成为朋友，之后才能获得真正意义上的平和心境。第一步，摆脱幻象，不再刻意追求自己要做什么样的人、怎样才能成为一个完美的人。

花些时间认真想一想：你认为怎样才算一个完美的人，把这样一个人可能拥有的所有品质写下来。

一开始做这项训练，你可能就笑了。你现在看到的自己与你心目中必须成为的人之间可能存在天壤之别。你还能发现别的什么呢？你还可能发现，其实你一点也不喜欢这个完美的人。他或她可能只是你自己形成的自我概念（某个你建立自我形象的理想参照）。当我们借用他人或自己建立自我形象时，这段关系就建立在恐惧的基础之上。一旦我们发现自己远非那个完美的形象，可能就会觉得自己一无是处，生活变得毫无意义。

这种缺憾感必将带来悲伤和恐惧。如果我们认为自己“不够好”，就很难再获得平和的心境。事实上，正是我们自己通过各种方式否定了自己，自寻烦恼。在这种情况下，我们即便获得了爱，也永远不会感到满足，因为得到爱的只是幻想中的自我，而非真正的自我。爱不是相互利用，也不会自寻烦恼，更不是自我感觉良好。如果你所谓的爱属于上述几种表现中的一种，那就不是爱。

请你明白：

即便我们可能还没有认识到这一点，但我们一直都非常出色，一直都是无懈可击的。

成为自己和他人的朋友与你或他人“应该”如何的形象或幻想毫无关系。真正的朋友会毫无条件地接受对方，并逐渐认识到，任何人都像他自身所表现的那样完美。

环视四周，留意你周围都有些什么人，用心去观察他们。你愿意接受他们吗？如果他们也接受你，会发生什么事呢？

认真地审视一下自己生活中的人，列出他们的名字。想象一下你接受了他们每一个人，然后想象一下他们也都接受了你，这种感觉如何？假如对某个人你无法想象这样一种情景，写下你不能这么做的原因。他们要做出什么改变才能为你接受呢？你自己要做出什么样的改变呢？

你要明白：

你不喜欢或不能接受他人的原因正是你不喜欢自己或不能接受自己的原因。

要想成为他人的朋友，首先要停止对对方品头论足，要让双方表现出他们最真实的一面。

要知道，你面前的每个人都是你自己的另一部分。

你引起他人的注意是想更清楚地了解自己。你给予他人越多的热情和善意，你也能获得同等的回报；你不愿和他人一起分享的，你自己也得不到。

列出你难以接受的事情。现在你可以尝试着接受它们吗？这么做的时候留心自己的感受，看看会发生什么事。现在，列出那些永远也得不到你的认同、不能成为你的朋友的人所拥有的品

质。想一想，如果是你自己拥有这些品质，是否并非完全不能接受？现在，请试着接受这些品质。

当我们“接受”那些可能让人感觉消极的事物时，它就已经开始发生变化或者渐渐消失。我们抵制或否定自身的东西，他人却执意坚持，我们实际上是在吸引它们。如果我们接受或允许某物的存在，它就有权改变自己。

即便你身上存在一些所谓的消极品质，但只要你开始接受真正的自己，神奇的事情发生了——不仅这些消极的品质自动消失，你在他人身上也觉察不到它们的踪迹了。当你拥有了给予的能力，自然就会心怀慈悲。

“真爱不强求、不拒绝、不命令。它充满生机，是生活的引航灯。”

原则四：付出总有回报——送人玫瑰，手留余香

“我们只是世间匆匆一过客，无所得亦无所失，只需活出真我。为什么不释放身心，全心投入，乐在其中呢？”

——亨利·米勒

给予从不权衡利弊、斤斤计较。真正的馈赠毫无他求，在给予中我们已体会到那份喜悦。获得平和心境这个“天作之合”的原则使得由愧疚、债务和义务为基础而维持的关系“轰然倒塌”。送人玫瑰，手留余香。付出与回报的这个准则可以消除焦虑和恐惧。当我们投出桃子，并不担心是否能收到应得的李

子，也不会处心积虑地想要从中获取什么好处，这才是真正意义上的给予。若非如此，只能算得上交易，适合于商业场合，而绝非尊为人生交往之信条。

当你感到孤独、不快或不满时，不要计较得到多少，而是看看给予了几许。有句美言如是说：需要爱时打开心扉，需要理解时打开心智。真正的给予是一门艺术，可以让你的人生“改头换面”。今天就开始行动吧，无论何人何地，只要他们需要，就全心全意地给予。不要担心有何收获。有什么理由不这样做呢？

“投之以桃，报之以李。”

给予的目的往往是操纵和控制。诚然，这并非真正的给予，只能称得上是另一种形式的恐惧和因恐惧而滋生的行为。我们可以因各种理由给予：为了他人的赞许、自我肯定、优于他人、抑或是炫耀自己、显示自己的地位。有时我们倾囊购物赠人，却因不知如何收回成本而大伤脑筋。

维持给予及接受之间的平衡至关重要，能够接受也同样重要。当给予是单方面的行为时，对双方的情感交流往往是一个不小的打击。当我们发现我们既无力给予又无所获时，不良情绪就会滋生。人们一旦发现自己无从给予，内心就会衍生出强烈的羞耻感。在这种情况下，他们更容易要求别人、操纵别人，而不敢敞开怀抱，提出合理的要求或者坦然接受。

真正的给予与接受是矛盾的统一体。如果我们全心付出、不求回报，就会收获同等价值的东西：即手留余香的快乐。负担、怨恨和执拗都抛之脑后。这儿没有给予者或接受者这样的称谓，只有一颗坦诚无私的心。

我们学会这般的给予和接受之时，即是我们舔食真爱之果之日。真正的给予不需要任何条件，失去它不会有任何威胁，得到它也毋须接受条件。要达到这种境界，我们只需对他人全心给予，无所他求，静待回报在未来的某个时刻以其特有的方式来到我们面前。

怀有一颗感恩的心。*医治焦虑、恐惧和悲哀的最好良药是对每天你所给予他人的和你从他人那里得到的心中有数，并表示感谢，心怀感激之情。意志消沉和感恩之心不可能同时存于一身。*

由于我们注意力往往偏重于消极的一面，所以通常终日在我们脑海中盘旋的想法是我们缺乏什么而非得到多少。我们既不清楚自己给予过什么，也不了解我们无意中造成了多少麻烦和伤痛。若我们精心留意他人对我们的生活所作的贡献和我们为他人的生活所作的贡献，并抽出时间来感谢他人所给予我们的，或改正自己所犯之错，我们就会发现一件很有趣的事情——我们的感恩之心业已形成。基于此的内观疗法中有鲜活的例证。

内观疗法之说法源自日本，其中有个训练是每天抽出时间回答三个问题。你需要大约半小时或更多的时间，坐下来认真明确地写下你的答案。

第一个问题：你今天得到了什么？第二个问题：你付出了什么？第三个问题：你今天造成了什么麻烦或困扰？

通常我们会有生活被剥夺之感，好像我们得到的与付出的永远无法持平。然而，通过此内观疗法，我们或许发现，情况并

非如此。当我们意识到自己收获多少时往往会大吃一惊，只是我们很少注意到罢了。再如，当我们仔细盘算自己的付出时也会吃惊不小。若每日三省，我们自然而然会给予更多，以便平衡自己的生活。我们甚至会伺机主动提供给予，以感谢自己所收获的一切。

第三个问题尤其令人关注——我们今天造成了什么麻烦和困扰？这个问题并非想“无中生有”，而是强调内省意识。大脑通常会集中于它是如何被冤枉的，诸如此类的问题转变了重心，并可帮助我们意识到自己可能会给他人带来的麻烦。当我们意识到这一点，当场改正错误就很容易了。

在人际关系中也可采用内观疗法（每次反省三年内的人际关系）。对方为你做过什么？你又为对方做过什么？你给他们添了什么麻烦和困扰？结果会让你大吃一惊。

有一种内观疗养院，人们可以入住一周时间。在此期间，每天做八小时以上的内省，内省内容涉及生活的方方面面，如人际关系、职业、健康和梦想。

实际上，这种内省疗法教育我们认识到自己收获的好的一面，从而心怀感激并给予回报。这样，我们就不用心怀罪恶感，并且能够勇敢地承认错误，一经发现立即改正，永不再犯。此外，通过内观疗法，我们会自然地培养一颗宽容之心。

原则五：宽容是最好的良药

> “躬自厚而薄责于人，则远怨矣。”
>
> ——孔子

宽容能够消除任何烦恼和忧虑。当我们真正从对别人宽容时，同时也给了自己一份最好的礼物。我们的内心重归于宁静，那些煎熬我们内心、毒害我们日常生活方方面面的愤懑情绪也全部得以释放。

宽容要付诸实际行动，而且必须坚持下去。仅仅说“我原谅你”是不够的，尽管这已经是个很好的开端。首先，我们要发自内心地去原谅对方。这就是说我们要摆脱那些一直伴随着自己并日益加深的有害的消极思想。这些思想会让我们感到愤怒，进而实施报复计划。要消除它们最简单的方法就是选择宽容，这样才会消除我们内心的痛苦和不安。

缺乏宽容之心会阻碍我们的生活，让我们心情烦躁，无法开始新的生活。一些人担心一旦他们原谅了别人，就会永远无法摆脱这些人或事。事实并非如此。如果我们能够宽容他人，就更能采取适当的行为作出回应。我们会更清楚地明白怎么做才是有用的，而不会继续停留在恶性关系中。我们会摆脱愤怒的心境，内心变得宁静，真心地祝愿对方幸福，迈向新生活。当我们身处愤怒、怨恨和报复情绪之中时，就很难去宽容他人。愤怒会在我们与惹怒我们的人之间产生一条强有力的纽带，而宽容则会让这条纽带消失得无影无踪。只需把我们的注意力转移，就能学会宽容。

仔细想想缺乏宽容对你产生的影响吧，你每隔多久会想起那些惹你生气的人？你在他们身上浪费了多少精力？这种愤怒又怎样在其他方面影响你？

再仔细想想这些人经历的孤独、恐惧和困难吧。注意一下，他们也许曾在人生的某个时刻给你提供过帮助。想一想，在某些时刻你是否也曾像他们一样做过惹恼别人的事呢？

如果你由于某件事不能原谅自己，那么问问自己，需要做些什么才能消除心中的阴影、原谅自己、重新开始？耐心地听听自己内心的答案。如果你真的问过自己的内心，最终便会明白什么是对和解真正有用的，然后就着手去做。如果你做不到向你伤害的人道歉，可以让别人陪着你。你不需要获得对方的谅解，只需要知道怎样做才会让自己觉得心安，那么你自然就能获得平和的心境。

顺其自然。我们都强烈地希望事情可以按照我们期望的方向发展，也希望他人都按照我们的期望行事。当现实和我们的期望有所出入时，我们会发无名之火，忘记宽容。从现在起，顺其自然，不要把自己的期望强加在他人身上，也不要太过于苛求自己。不要再插手这些事情，让它们顺其自然地发展，这对你来说将是莫大的解脱。如果你这样做了，迟早总会看到让你惊讶的结果：可能什么都没有改变，也可能会发生翻天覆地的变化。这个结果并不重要，因为你已经不再参与其中了，无论发生什么你都不会受其影响。试试看，你就会明白的。

原则六：享受与自己和他人的坦诚交流

> “表达你的真实想法，说出真相。长期与被蒙蔽的人一起生活、交谈，我们就难以完全表达自己的想法，并会因自己代表的神圣理念而感到羞耻。”
>
> ——爱默生

如果没有坦诚的交流和沟通，就不可能产生信任；如果没有信任，我们将终日生活在恐惧之中；当我们的生活充满恐惧，交流沟通就成为隐瞒、掩饰和防卫的一种手段，而直截了当的交流则会避免这一切。

从根本上说，我们周围除了流动着各种各样的沟通信息之外就再没有别的了，但我们很多人却只能听到来自外界和自身的噪音。我们必须学会接收世界上真实的声音，一旦我们能够捕捉到真实的信息，孤独、困惑、恐惧、甚至是疾病都会渐渐消逝。有人说，如果你真的能够接收到他人的想法，你的想法也能传达到他人耳中，恐惧将不复存在。

说出真心话，表达你的真实想法。忠于你的言语，信守承诺，包括对自己的承诺。如果你说的话没有任何意义，所做的一切也就无源可循。骗子指的就是言语没有任何意义的人。不要去欺骗他人，也不要欺骗自己。只有当不诚实的交流、谎言、花招、诱惑和虚情假意消失无踪，才能真正获得平和的心境。

与他人和自己坦诚的交流沟通可以使我们耳聪目明、心净如洗。当谎言、花招、欺骗横行当道，平和的心境就只能是雾里看花。所有的一切离我们越来越远，思想被迷惑，心灵被蒙蔽，在我们茫然不知所措的时候，时光悄然流逝。我们还没来得及假装什么都没发生，一天天、一年年就这样过去了。千万不要参与这样的交流沟通。

我们身陷痛苦的、恶意的交流沟通，被流言、诽谤、中伤、掩饰重重包围，这一切的原因只有一个：我们还没有掌握说话的艺术，不知道该如何说出真心话，如何表达真实想法，忠于自己的言语。

要留心你说的话和作出的承诺。他人激发了你怎样的希望和梦想？你有能力实现这一切吗？这一切是真实的吗？也同时也要注意别人对你说了什么，而你是如何回应的。你能坦然接受令人困惑的事吗？你假装没有听到或不知道吗？你天真地相信别人的谎言，并为此找出各种借口吗？

生活在谎言之中

谎言夺走了我们生活中的意义、信任和快乐。谎言编织在一起，形成一张难以逃脱的网，使你成为一个生活在虚假基础之上的虚幻的人。今天，把这张网彻底撕破吧。当你想要撒谎时，停下来，深呼吸，转变内心的不良想法，转向诚实、简单和真实。只有真理才能消除一切伤痛，只有真理才能使你更加强大。

留意你常说的谎言和你已经习惯的谎言，包括那些自欺的言语和想法。只要你花些时间想一想，这些谎言就会无处可藏、不攻自破。

生活在真理之中，我们才能获得平和的心境。不用担心被揭穿，也不用担心冤枉他人，晚上可以安稳地睡个好觉，起床时自然精神抖擞。阳光看起来更加明亮，你也自然会吸引诚实的人与你沟通。这是一种建立在全新基础之上的、完全不同的生活。

原则七：来临之时，欣然接受；离开之时，坦然放手

“以静制动，归于宁静。”

——禅曰

许多人的生活充斥着各种思想、信念、关系、财产和构想，用来指引我们生活的方向。但无论我们做什么，该来则来，该去则去，来到这个世上的东西终归都要回到它来的地方。一些事物消逝了，新的事物会顶替它的位置。当我们不再试图掌控生活中的一切，顺其自然；不仅会收到许多意外的惊喜，还会获得大量的能量，最终获得平和的心境。

*不管是什么出现在我们的世界中，哪怕可能是有害的或让人感到意外的，我们都真心地**欢迎**它、接受它。既然它来了，就表示欢迎，给它腾出地方，不要排斥它，而要感谢它的存在。如果你这样做，就能以一种真正不同的方式来体验它，你可能会从发现和享受中获得巨大的惊喜。*

当一些事物离开的时候，不要紧抓不放，坦然放手，感谢你们曾经共度的美好时光，让它自由离去，无需内疚、无需悲伤、无需恐惧，这是在送出一件伟大的礼物。

到时候了，它自然就会离去，尊重这个事实。我们不能改变自然周期和生活节奏，就如秋天来了，叶子黄了，枯萎飘落，你不能抓住树干，命令树叶永远常绿。如果你非得这么做，不仅伤害了那棵树，同时也伤害了自己。要认识到潮起潮落、季节变换，人际关系、生命周期和这世界上一切呼吸的事物都遵循其本身的节奏、时令和模式，它们不在你的掌控之中。不要因变化而悲伤，不要认为这是个人的损失，应该顺应它的节奏，尊重它的变化。这样，你才能全身心地迎来新一轮的生命轮回。

我们所经历的许多恐惧都源于害怕失去。即使我们已经拥有自己想要的一切，对失去的恐惧依然在心头挥之不去。这段恋情会持续多久？客户会弃我而去吗？家人会永远支持我吗？依恋导致依赖，而依赖则加剧恐惧。

摆脱对失去的恐惧，认识到我们所经历的不过是暂时的，生活只是来去匆匆，大量痛苦就能得以释放。这是获得平和心境的一个秘密法则。要实现这一点，最好的办法就是珍惜此刻，尽可能地享受生活。不要忧虑将来会发生什么或者过去发生了什么。

在大多数情况下，我们害怕过去会在将来重现，所以就竭尽所能地去阻止它发生。如果这样，我们便又失去了眼前的宝贵时光。

珍惜此刻，尽可能地享受当前，享受和他人在一起的时光。全身心地投入到现在，你就会感到异常充实，就好像已经充分体验了整个人生。

我们害怕失去，想要紧紧抓住已有的东西，其中的部分原因是因为我们并不知足。我们没有真正百分之百地体验一段关系或者某种形势，总觉得遗失了点什么，还想得到更多。然而，如果我们珍惜此刻，全身心地投入到当前的体验当中，就会感到充实和满足，就好像我们喝光了杯中最后一口茶。修心法里有这样一句箴言：“静心品茶。”

静下心来，细细品味每一次体验，到该放手的时候，你不会因为还没做的、还没说的、或者还没感受的而感到遗憾难过。准备好，迎接明天的朝阳。

“我屋前的那株梅树，
除了含苞怒放，
它再无所求。”

第九章

无畏的人生

“爱就是想要给予对方想要的一切，哪怕你没有足够的能力给予他。”

无畏的生活并不意味着我们再也不会感到恐惧，它意味着当我们感到恐惧的时候，恐惧不能再掌控我们的生活，我们也无需因为恐惧而采取某种行动或作出某种决定。我们已经看到恐惧的本来面目，释放了背后支持它的巨大能量，所以现在如果我们内心出现恐惧，它在我们看来就只不过是暂时遮住阳光的一片云彩而已。我们已经发现了生活的新中心、新基础。

通过不断实践这样的训练，我们已经为获得平和心境扎牢了根基。我们了解它的构成部分，知道如何扭转令人心烦意乱的局面，给予新的回应。平和的心境并非来自压制或否认内心的恐惧。当恐惧来临时，我们能够感觉它、正视它、了解它，然后放手。无畏的生活指的是恐惧无法掌控我们，不能像海浪一样颠覆我们的生活。

有时，恐惧是自然的，也是必要的。如果我们身处一种真正危险的局势，比如忽然出现一条毒蛇或者其他有害生物，我们感到恐惧极其自然。在这种情况下，恐惧是一种警告，它使我们警醒，告诉我们要留心周围出现的事物；在这种情况下，恐惧是在给我们传达一种讯息，只要我们集中注意力，采取必要的措施，恐惧就会迅速消失。这与那种持续很久并且潜藏起来使我们感到惧怕，并展现各种灾难性前景的恐惧完全不同。

生活在新的基础之上，指的是被爱和善意团团包围。善意会带来平和的心境。不论他人表现如何，如果你充满善意地对待他们，情况自然会变得对你有利。你将会心绪宁静，清楚地看到事物的本来面目，获得自尊，最终也会得到他人的尊重。善意是内心宁静的另一种措辞。迈向无畏生活的过程就是培养善意的过程，充满善意地对待每一个人，甚至包括那些你当时不喜欢的人。

列出那些你不喜欢、不愿对其表达善意的人。你要认识到，不能充满善意地对待他们只会让你远离平和的心境。现在，有意识地祝福他们，一次祝福一个人。对他们说：“愿你安宁、健康、快乐。”

祝愿他人健康其实非常简单。如果你不能或者无法这样做，可能是因为你还有其他意愿。这些不好的意愿不会影响他人，它们只会破坏你的平和心境。

祝愿他人健康，即使你不想这么做。只要先说一次，然后再说一次，到第三次的时候你的情感自然就会开始变得柔软。不断地祝福他人健康直到你完全习惯这样做。请记住：你送给他人的祝愿迟早会回报到你自己身上。当你祝愿他人健康时，你的内心会更加宁静，你的生活也会更加如意。

宁静的礼物

既然谈到平和心境，那么或早或晚，我们就必须提到上帝、我们的大我、本源、思想、灵魂或精神。不同的个体对平和心境的本源看法不同，本书的目的就是要把平和心境这个礼物送给所有人，不管他们有怎样的看法。无论我们个人的信念是什么，这些训练、获得平和心境的这些原则都是通用的，它们适用于各个国家、各个种族和各种宗教。遵从这些训练和原则的人都将获得平和的心境。

无论我们如何看待自己的本源，必须尽量了解自己的反应并学习掌控它，以求获得平和的心境。我们必须明确自己的意图，了解那些不知不觉中控制我们的力量，阻止无意识的强迫行为，学习如何远离让我们感到晕眩的欢愉。这就是所谓的成长，长大、成熟、担当责任。

尽管人与人之间存在很多差异，但从根本上来说，我们具有许多共同之处。每个人都希望能够幸福、健康，希望得到爱，过上充实的生活。如果这些深切的愿望能够得到满足，就根本不需要去伤害他人、控制他人或夺取他人的东西。当我们真正获得平和的心境，就会很容易发现宇宙中充满了丰富的物资，没有人真正贫乏。我们给予他人的越多，自己获得的也就越多，是恐惧让我们看不到这个真相。人类最大的敌人是恐惧，而本书提供的工具比任何武器都更加强大，能够在我们的生活中和世界上有效地消除恐惧。在这一点上，我们除了培养善意之外别无选择，这不仅仅是为了我们自己，也是为了整个世界。我们没有其他选择，只能在生活中和社会上实践这些训练，并尽力适应它们。这些训练做起来比较简单，令人愉快，结果却影响深远，又有谁能拒绝呢？

更多的步骤、指导、引言、问卷和训练列举如下：它们是我们前进过程中的指明灯和路标。

爱的简单法则

◎ 世界上从来都不缺乏爱，爱无时无刻、无处不在。

◎ 如果你感觉缺乏爱，实际上是你把爱拒之门外。

◎ 爱是一种选择，请选择让爱融入你的生活。

◎ 感知非常重要。你能够感知，说明你还活着。你是爱的发现者还是缺点的发现者?

◎ 要注意辨别真爱与伪爱。

◎ 没有陌生人，只有我们还没有结交的朋友。

◎ 以自我为中心的思考从来不会带来任何宁静。

◎ 全身心地爱一个人，不抱任何期望。

◎ 你不需要他人的爱来满足你，你就是爱。

◎ 当你付出爱的时候，就了解了自己。

◎ 争斗不能赢得爱，必须靠欢迎和邀请来赢得爱。

◎ 敞开心扉不是为了得到什么，只需敞开心扉。

◎ 为自己赢得你个人认为值得的东西。

◎ 他人永远不会像你自己那样心甘情愿地为你付出。

◎ 每个人都有一种天然的吸引力，来为自己选择属于自己的东西。

◎ 真正的战斗是内在的，它只不过是现实中的女性和理想中的女性的一场战斗。

◎ 我们戴着面具，遇见的都是戴着面具的人，却在纳闷自己为什么不能爱，为什么感到孤独。

◎ 真正的宽宏大量是一种心态，愿意让他人保持自己的风格。

◎ 自然的是正确的，简单的是正确的，保持自我是正确的。保持自我是你所能做的全部，其他的都是误入歧途。

你在恋爱中有多聪明？

测测你的情商。情商越高，说明你的恋爱关系越美好，你越享受这段恋情。即使关系破裂，你也能很快从伤痛中恢复，开始一段新恋情。情商越低，你在恋爱关系中碰到的困难就越多。（评分标准为1至5分，最高分为5分，最低分为1分）

1. 我总是看到伴侣美好的一面。
2. 我乐意和各种各样的人打交道，跟他们在一起我感觉很放松。
3. 开始一段恋爱的时候，我从不刻意强求这段感情的最终归宿。
4. 和伴侣在一起的时候，我很容易感到高兴。
5. 当恋爱关系中出现问题时，我很少抱怨。
6. 当恋爱关系进展顺利时，我不会逃跑。
7. 我不会遁入幻想。某个人越像是我理想中的伴侣，我就越小心谨慎。
8. 我很容易满足。
9. 当伴侣打算离开时，我会感谢我们一起度过的幸福时光。
10. 当伴侣打算离开时，我不会想方设法把她留在我的身边。
11. 对我而言，我乐意付出，也愿意接受。
12. 我不会总是清点自己收到了什么，尤其是在我回报他人之前。
13. 我比较容易相信他人，我愿意给他们一个机会。

14. 对我来说，建立对他人的信任并不需要很长的时间。
15. 如果我发现伴侣有不诚实的言行，我不会迅速转身离开，我很愿意留下来，找出原因。
16. 我很乐意看到大家保持自己的本色，我自己也是。
17. 我从来不相信任何一段感情必须持续到最后，也不相信我会失败。
18. 我知道每一段恋情都是上帝在某一段时期赐予我们的礼物。
19. 我并不需要他人不断地告诉我我有多棒。
20. 我了解所有爱的本源，并且知道它永远不会枯竭。

分值结果

A. 90–100　你是一个聪明的人，你能够和他人建立一段健康向上的恋爱关系。

B. 70–90　你做得不错，你的恋爱关系通常是朝着正确的方向迈进。

C. 50–70　在恋爱关系中你需要更多的训练。要多留心注意恋爱中的各种状况。

D. 30–50　你在恋爱关系中要么躲躲藏藏，要么太过依恋对方。要学会有效地利用这些训练。

E. 1–30　你在恋爱关系中需要指引和帮助，是时候抛弃那些会给你带来消极影响的恐惧了。

快速释放愤怒：简单的步骤

和那些冲你发火的人心平气和地交谈。

a) 如果有人抱怨你，请停下手头的工作，认真倾听。

b) 找出对手身上你确实喜欢或值得你尊重的三件事。

c) 即使你不满对方的行为，也要给对方一个解释的机会。

d) 不要试图控制你生气的对象，让他们保持自己的本色。

e) 假如在一场争论中你是对的，放弃对的权力（当时，或者当天）。

f) 如果你认识的两个人出现矛盾，请在两个人之间互相说对方的好话。

g) 把他人置于你之前。（你不需要永远做“第一”）

h) 做一项原谅训练：规定自己每天要原谅至少一个还没得到你原谅的人。

i) 问问你自己：“经历多少痛苦才算够？”今天我愿意感觉良好吗?

请记住：

他人的言行不能伤害我们。（是我们自己的反应伤害了我们）

愤怒可以成为一种上瘾的毒药。

我们可以选择自己的反应。

远离愤怒的最佳途径就是自我感觉良好。

如果你不认为这是一种侮辱，你就不会被别人侮辱。

健康和爱比正确更重要。

当我们认为自己是受害者时，我们会吸引害人者。

当我们期望得到某些东西时，我们会尽力去得到它。

我们可以通过改变自己的态度来改变生活的整个轨迹。

“愿天下人都幸福，愿天下人都知道如何获得幸福。”

我总是看到伴侣美好的一面。

当恋爱关系中出现问题时，我很少抱怨。

当恋爱关系进展顺利时，我不会逃跑。

我很容易满足。

当伴侣打算离开时，我会感谢我们一起度过的幸福时光。

当伴侣打算离开时，我不会想方设法把她留在我的身边。

对我而言，我乐意付出，也愿意接受。

结束语

敞开心扉不是为了得到什么，

只需敞开心扉。

每个人都有一种天然的吸引力，

来为自己选择属于自己的东西。

为自己赢得你个人认为值得的东西。

直面危机：无惧地生活

"爱是你需要别人需要自己，即使这个人并不是你需要的那个人。"

——维吉尼亚•劳埃德

无惧地生活并不是说再也不会遇到恐惧。心中偶尔有恐惧担忧，是正常的，也是必要的。恐惧让你不会把手放到火上，让你避让急驰的汽车。无惧地生活也并不意味着恐惧再也不会控制你的生活，不会摧毁你的思想和行为，或者不会一整天笼罩在心头。事实上，你再也不会基于恐惧去采取行动或做决定，能够辨别谎言。现在，当你心生恐惧时，你知道如何排遣——这不过是片刻的乌云蔽日。你再也不会被打垮，拥有愚公移山的精神和毅力。最重要的，你迎来了生活中的转折点。

处于转折点的人生是充满爱和希望的人生。不论别人怎么做，你始终要付出真爱。

对任何人抱有善意，即使是与你不和的人。常常对他们说，"愿你平安健康幸福。"

祝福别人是很简单的事情。就算你不愿意这样做，你也只管去做就是。永远不要让负面的情绪指引你的行为。

无论你怎么想，都要祝福别人。再祝福一次。当你第三次为他祝福时，你的情绪会缓和平静下来。一直祝福他，直到你的情绪完全平复。记住，你对别人的祝福最终会回报给你自己。当你祝福别人时，你平和的心态起了作用，你的生活也会变得平顺。

心态平和的好处

讲到友爱与平和的心态，我们必然会讲到上帝、超我、物质、心灵和灵魂。不同的人对爱的本质有不同的理解。不论人们对爱如何定义，本书都将让人们感受爱的存在。即使我们的信仰不同，但爱的基本原则是世界大同的，不分民族、种族和宗教。每个行善友爱的人都会好人有好报。

人们纵有各种分歧，但根本上是一致的。我们都希望生活得幸福健康，希望得到关爱与呵护，希望过得充实而快乐。既然人们内心的渴望是一致的，那又何必要互相伤害、企图操控他人、甚至剥夺他人的财产权利呢？因此，我们很容易理解，只有世界富足了，才能人人无匮乏之虞。你付出得越多，收获得便也越多。而正是恐惧让我们忽略了这一点。

你越发关爱他人，就越会遇到许多意想不到的事，结交原本可能结交的朋友，而许多不可能的奇迹便会发生。这也是一个机会，让你看清爱能让生命发生转折，变得如此有意义。

凯伦发现自己又怀孕了，不禁非常激动。她做了许多工作，让自己三岁的儿子迈克尔做好迎接妹妹的准备。

尽管孕期一切正常，但生产却并不顺利。迈克尔刚出世的妹妹情况很不妙，被送进田纳西州诺克斯维尔圣玛丽医院的新生儿重症监护室。随着日子一天天过去，小婴儿的情况越来越糟，医生告诉父母要做最坏的打算，治愈的希望非常渺茫。

迈克尔不断央告父母带他去看望妹妹。他说，“我想唱歌给妹妹听。”而父母则告诉他妹妹病得太重。出世后的第二周，小婴儿的情况益发凶险。迈克尔继续请求父母让他去给妹妹唱歌，父母则说小孩不得出入重症监护室。迈克尔却没有放弃，最终凯伦决定带迈克尔去看妹妹一眼。她想，要是儿子再不去见妹妹，也许最后的机会都要失去了。

凯伦给迈克尔套上过大的无菌服，把他带进了监护室。迈克尔看起来就像一只会走路的洗衣篮；但护士长还是一眼发现进来了一个孩子，命令道，“立刻把孩子带出去。”

一向顺从的凯伦涨红了脸，据理力争道，“不。他不给妹妹唱完歌，就决不离开。”然后她就把儿子抱到妹妹的床边。

迈克尔看着眼前这个小小的婴儿，全身插满针管，没有一点生命力。他开始唱起歌来，音调里透着一个三岁孩子的纯真愿望。“You are my sunshine, my only sunshine, you make me happy when skies are gray…”（意为“你是我的阳光，我唯一的阳光，天空阴暗时是你让我快乐……”）

很快婴儿有了反应，她的心跳变得平稳而有力。

“接着唱，迈克尔，”凯伦请求道。

“You never know, dear, how much I love you. Please don’t take my sunshine away.”（意为“亲爱的，你永远不会知道我有多爱你。请不要让我失去阳光。”）

凯伦开心极了，连护士长都掉下泪来，监护室的所有人都见证了这一奇迹。就是第二天，小婴儿居然康复过来，可以回家了。

《妇女日》杂志称其为“神奇的哥哥的歌声”。医护人员都认为发生了奇迹，而凯伦则认为这是上帝的仁爱。

那么你怎么看呢？不管你怎么看，最重要的是，要在自己的心田里，播洒下能创造奇迹的爱的种子。

一起去分享

《不害怕的生活》能够引导大家理解恐惧，并将之分解，使他们获得一种充满着勃勃生机、充满成就感、充满创意和幸福的生活。

《不害怕的生活》将东方智慧与西方智慧加以融合，将会是第一本关于恐惧的书籍，旨在为大家提供心理、精神和实用性的指导，激活大家庞大的内心资源。在这一过程中，读者不仅能够以一种宽阔的眼界来看待恐惧，他们还能获得一些能够亲自操作的指导，并能够练习如何将这些相关信息应用到自己的生命之中。读者们将学会如何聆听、如何认知我们内心中的种种声音，并从中甄选对我们有利的。在这项旅程中，读者们还能够重获他们与生俱来的一种生活之中的喜悦感，并能够相信自己、信任他人。

在探究恐惧种种原则的过程中，我们同时也将探寻它的解毒剂——爱的本质及其力量。最终，读者们将会认识到一切积极的、建设性因素是如何从爱中产生的。揭开恐惧是一种练习。理智地理解何种东西有害，是一回事；而了解如何真正地摆脱你生命中的恐惧，则是另外一回事。《不害怕的生活》将教你学会这一点。不同章节将带你探寻恐惧与爱的不同原则。

《不害怕的生活》包括了恐惧在我们生活中的所有彰显形式，例如惧怕成功、惧怕爱、惧怕责任与义务、惧怕冲突、惧怕自己、惧怕他人、惧怕缺失、惧怕生命本身，以及惧怕死亡。

在《不害怕的生活》中囊括的众多工具和技巧中，有放松、选择力、直观的认知、化痛苦为力量、与内心谈话、摆脱他人的控制、摒弃控制的需要、发展你的焦点、关注、正念，以及如何打造一种感恩的心灵。这本书包括一种独特的探索爱的方式，使读者能够应对每种具体的恐惧。我们将会熟悉爱的作为，挖掘真爱与伪爱之间的区别，学习如何打造（毋庸说感受）爱。我们还将获知种种指导方针和练习方法，来打造一种极富治疗性的人生观，不管面对何种困境都保持一种无畏无惧的心态。

阅读《不害怕的生活》让我既惊喜又吃惊的是：作者说出了我内心的困惑和恐惧；惊喜的是：作者让我深思反省，懂得了成长的全部意义。成长不仅意味着收获，也意味着失去，失去并不可怕，可怕的是失去了勇于承受和开始。

作为现代人，为了追求个人最大化的发展，我们常常忽略我们内心的渴望；我们常常被世俗的潮流所淹没，去追求那些我们内心并不感兴趣的东西；所以我们大多数人都生活得不快乐，读了《不害怕的生活》让我明白："为了找出生活中面临问题的答案，你必须从内心深处着手"；勇敢做自己，内心才会获得永久的幸福和安宁。

对任何人抱有善意，即使是与你不和的人。常常对他们说，"愿你平安健康幸福。"

关于作者

布兰德·索珊娜博士 一位有着27年从业经历的心理学家和治疗师，她已经练习禅修34年，教授禅修10年的时间了。

布兰德·索珊娜博士 在多所大学教授课程，包括哥伦比亚大学、阿德菲大学、玛丽蒙特大学，并在全国范围内举办了五百多次演讲和讲习班，讨论关于心理、精神的问题以及如何激发个人的潜能。

布兰德·索珊娜博士 经常在国家级电视台上（包括哥伦比亚广播公司，美国广播公司，全国广播公司，美国广播电视台）做节目，在国家级出版杂志（大都会，丽人，诱惑）中有专栏。**索珊娜博士**的作品在网上也频频出现（现在她是iVillage.com的人际关系专家，也是Barnes & Noble University.com网站的指导）。

布兰德·索珊娜博士 全美畅销书的作者，作品被译为18种语言文字，曾经荣获美国健康类最佳图书奖项及“精神性与健康”项目中的最畅销书。

自然的是正确的，简单的是正确的，

保持自我是正确的。

保持自我是你所能做的全部，其他的都是误入歧途。